Veröffentlichungen des
Interdisziplinären Arbeitskreises Lateinamerika

Studientag 2011

Band 8

Jutta Blaser / Sabine Lang [Hgg.]

Kolumbien –

Heterogene Lebenswelten

Bibliografische Information der Deutschen Nationalbibliothek:
Die Deutsche Nationalbibliothek verzeichnet diese Publikation in der Deutschen Nationalbibliografie; detaillierte bibliografische Daten sind im Internet über http://dnb.dnb.de abrufbar.

Titelbild: Ben Bowes (2008): *Metrocable de Medellín, Colombia*. Online in Internet: URL: https://commons.wikimedia.org/wiki/File:Metrocable_de_ Medell%C3%ADn,_Colombia.jpg?uselang=de. Abrufdatum: 04.11.2015.

Herstellung und Verlag: BoD – Books on Demand, Norderstedt

ISBN 9783739217550

Inhaltsverzeichnis

JOHANNES MEIER
(Mainz)

Vorwort

Der Studientag 2011 des Interdisziplinären Arbeitskreises Lateinamerika (IAKLA) an der Johannes Gutenberg-Universität in Mainz stand unter dem Thema „Kolumbien – Heterogene Lebenswelten".

Kolumbien ist das bevölkerungsreichste spanischsprachige Land Südamerikas, eine Tatsache, die nicht im allgemeinen Bewusstsein ist. Viel eher wird dieser Rang für Argentinien vermutet, das ihn der Flächengröße nach auch einnimmt – ist es doch das achtgrößte Land der Welt – und dabei sogar vor Mexiko liegt, dem global bevölkerungsreichsten spanischsprachigen Land, das – man kann es nicht oft genug sagen – geographisch zu Nordamerika gehört. Noch etwas ist festzuhalten: In Kolumbien leben mehr spanischsprechende Menschen als in Spanien selbst. Dieser Abstand vergrößert sich kontinuierlich aufgrund des seit Jahren stärkeren Bevölkerungswachstums.

Kolumbien grenzt im Osten an Venezuela und Brasilien, im Süden an Peru und Ecuador, im Westen an den Pazifischen Ozean und an das von ihm zu Beginn des 20. Jahrhunderts abgetrennte Panama und im Norden an das Karibische Meer. Es gliedert sich in zwei Großlandschaften: das flache Orinoco- und Amazonastiefland im Osten und das Anden-Hochland im Westen. In die Gebirgskette der Anden eingebettet sind die fruchtbaren Stromtäler des Atrato und San Juan, des Río Cauca und des Río Magdalena. Sie sind bis zu 1.000 m Höhe von relativ dichtem tropischem Regenwald bedeckt – das ist die heiße Zone, sie kommt auf Jahresmittelwerte zwischen 23 °C und 30 °C. In den darüber liegenden Regionen finden sich tropische Pflanzenkulturen, besonders kleinere Kaffeeplantagen – Kolumbien zählt zu den größten Kaffeeproduzenten weltweit; das ist die gemäßigte Zone zwischen 1.000 m und 2.000 m, in der Mittelwerte zwischen 17 °C und 23 °C herrschen. Die höheren Regionen der Stromtäler zwischen 2.000 und 3.000 m mit Mittelwerten um 13 °C bis 17 °C sind vorwiegend dem Getreideanbau und der Viehwirtschaft vorbehalten; in dieser Zone des sogenannten ewigen Frühlings leben auf 14% der Fläche des Landes 85% seiner Bevölkerung.

Deren Mehrheit sind Mestizen. 58% der Kolumbianer werden dieser ethnischen Gruppe zugerechnet. 20% gelten als europäischer Herkunft, als Weiße und Kreolen. Ebenfalls beträchtliche 20% stellt die afrokolumbianische Bevölkerung, wenn man Mulatten, Zambos und Afroamerikaner in dieser Kategorie zusammenfasst. Dann bleibt als Minderheit von 2% die indigene Bevölkerung, Nachfahren der Chibcha-Hochkultur, die in der *Conquista* vernichtet wurde und deren Angehörige größtenteils in den Mestizen aufgegangen sind. Doch gibt es Überlebende: im oberen Cauca-Tal siedeln die chibchasprachigen Paez und Guambiano, die Kogi in der Sierra Nevada de Santa Marta, die Bari-Motilón nordwestlich von Cúcuta, die Tunebo im Departamento Arauca, schließlich die Guayamí und die Kuna; letztere leben mehrheitlich in Panama oder sogar in Costa Rica. Auf der Halbinsel Guajira ist ein ca. 170.000 Angehörige zählendes gleichnamiges Hirtenvolk zu Hause, das zur Arawak-Sprachfamilie gehört. Im Amazonas-Tiefland finden sich kleinere Völker aus den Tukano- und Witoto-Sprachen. Insgesamt gibt es in Kolumbien 64 indigene Sprachen.

Das spanische Kulturerbe ist in Kolumbien mehr als in jedem anderen Land Südamerikas spürbar. Es vermittelt sich vor allem auch über die katholische Kirche des Landes. Die Christianisierung begann in Darién im heutigen Grenzgebiet zu Panama, 1513 wurde hier der erste Bischofssitz auf dem amerikanischen Festland errichtet. Träger dieser Entwicklung waren vor allem die missionierenden Orden der Franziskaner, Dominikaner, Augustiner und seit 1590 auch der Jesuiten. Obwohl Katechismen in indianischen Sprachen erschienen, setzte sich mit der Zeit durch den Anpassungsdruck an die herrschende Zivilisation das Spanische auch im kirchlichen Raum durch.

In den Städten Santa Marta (1534), Cartagena (1534), Popayán (1546) und Bogotá (1552) errichtete die spanische Krone Bistümer, die 1564 unter dem Erzbistum Bogotá zu einer Kirchenprovinz zusammengefasst wurden. Verschiedene Geistliche wie Bischof Juan del Valle, P. Luis Beltrán OP und P. Nicolás Avendaño OESA gerieten mit den *Encomenderos* und den staatlichen Instanzen wegen deren schlechter Behandlung der Indios in Konflikt. Um dem schädlichen Einfluss der spanischen Siedler zu entgehen, erschlossen die Orden neue, weiter entfernt liegende Missionsgebiete, die Dominikaner z.B. in der Sierra Nevada von Santa Marta und den östlichen Llanos, die Franziskaner im Chocó, die Kapuziner in Guajira, die Jesuiten am oberen Orinoco.

Ein Schwund der indianischen Bevölkerung im Tiefland und die Entwicklung des Bergbaus verursachten im 17. Jahrhundert wachsende Importe afrikanischer Sklaven; die Jesuiten Alonso de Sandoval und Pedro Claver wurden durch ihre engagierte Sklavenpastoral bekannt.

In den spanisch-mestizisch geprägten Städten, besonders in Bogotá, sorgte die Kirche entsprechend dem Patronatsrecht auch für Bildungsinstitutionen. Das Jesuitenkolleg San Bartolomé (1605) und das Kolleg *El Rosario* der Dominikaner (1653) sind Vorläufer der heutigen Universitäten *Javeriana* und *Santo Tomás*. Stätten weiblicher Bildung waren mit den Frauenklöstern verbunden, die es besonders in Bogotá zahlreich gab.

Das 1610 in Cartagena eingerichtete Inquisitionstribunal unterband jeden von außen kommenden nicht-katholischen religiösen Einfluss in Neu-Granada. Der in Cumaná festgenommene und 1622 hingerichtete Adam Edon, Agent eines englischen Tabakhändlers, gilt als erster protestantischer Märtyrer Kolumbiens. Die einheimische indianische Religiosität hat hingegen unbehelligt von der Inquisition den Katholizismus von innen durchdrungen und ist mit ihrer Bilderwelt, ihren Riten und Bräuchen besonders in den Wallfahrtsorten des Landes präsent, so in den Marienheiligtümern von Lajas (bei Pasto) und Chiquinquirá wie auch beim Christus von Monserrate. Sehr populär ist auch die Verehrung des göttlichen Kindes.

Der Thronwechsel von den Habsburgern zu den Bourbonen in Spanien zog im 18. Jahrhundert viele Veränderungen im Namen der Staatsräson nach sich: Freihandel, Stärkung des Privateigentums, Ausweisung der Jesuiten (1767). Die Ideen der Amerikanischen und der Französischen Revolution stießen unter den jungen Intellektuellen von Bogotá auf Interesse. Unter den 53 Unterzeichnern der Unabhängigkeitserklärung von 1810 waren 16 Priester. Der Kongress von Angostura konstituierte 1819 die Republik Groß-Kolumbien.

Nach Simón Bolívars Tod löste sich Groß-Kolumbien 1831 in die Einzelstaaten Venezuela, Ecuador und Neu-Granada auf; letzteres wurde 1858 in „Granadinische Konföderation", 1863 in „Vereinigte Staaten von Kolumbien" umbenannt; seit 1886 trägt es den Namen „Republik Kolumbien".

Lassen sie sich nun mit Zitaten aus historischen Reiseberichten deutscher Sprache auf den Schauplatz des Studientages einstimmen:

Der Zimmermann und Architekt Jakob Loessing, 1613 in Paderborn in die Gesellschaft Jesu eingetreten, dürfte nach Nikolaus Federmann der zweite Deutsche gewesen sein, der nach Bogotá gelangt ist. Federmann, zunächst von den Welsern zum Gouverneur von Venezuela bestellt, dann aber wegen seiner Eigenmächtigkeiten und seiner brutalen Vorgehensweise gegen die Indios abgesetzt und verklagt, hatte die Stadt am 29. April 1539 mit zwei spanischen Konquistadoren gegründet. Jakob Loessing erreichte Bogotá am 1. September 1618. Bis zu seinem Tod im Jahre 1674 leitete er eine Werkstatt, die sämtliche Gebäude der Jesuiten in Bogotá mit Innenausstattung und Mobiliar aus Holz belieferte und auch für die Einrichtung der Kirchen verantwortlich war. Hochaltar, Seitenaltäre, Kanzel und Decke der Hauptkirche des Ordens in Bogotá, San Ignacio, stammen von diesem Münsterländer Handwerker.

Kurz vor der Ankunft in Bogotá machte Loessings Reisegruppe noch einmal Station, und zwar in der Siedlung Fontibón:

Dies ist ein Dörfflein, welches ungefähr an die 2.000 Inwohner hat, welche alle Indianer sein und beinahe alle Christen. An dieß dorfflein entbothen wir zween Tag zuvor, daß wir vorhanden waren. Deß anderen tags versambleten sich alle Inwohner Männer und weibern zu fuß und zu pfert mit hohen fliegenden fähnlein mit vielen trommelen pfeiffen und trummen mit vielen musicanten und zogen aus dem dorff in einer procession anderthalb meilen wegs uns zuempfangen und wie sie uns ins Gesicht bekamen da hörte man anders nicht als freudengeprüll und ein ieder ein brennende fackel in seiner handt und wie wir dem dorf etwas näher kamen begegneten uns die kleinen Kinder oben in gleicher Procession in großer männig, deren ein jedes ein creutzlein in seinen händen trug, welches sie ihnen aus ihren stecken gemacht hatten. Under welchen etliche gekleidet gewesen als Engelen und etliche als teuffel, die engelen singen, die teufel schrien und empfingen uns mit solcher demut und andacht, daß etliche die mit mir dahin kamen nicht wenig zäher vergoßen. Vor dem dorffe hatte man ein stattlichs theatrey gebauet, welches man mit Spielleuten angefüllet, da hörte man nur freuden spiell. Im dorff hat man die straßen allenthalben mit seidenen teppichen behangen mit Kräutern bestreut und mit Zwaigen bestochen. In Summa man hörte den gantzen tag nichts als freudenspiell (Loessing zit. nach Nebgen 2006: 312).

Acht Monate nach diesem barock-festlichen Empfang reflektierte Loessing seine ersten Erfahrungen vom Leben in Bogotá. Er schreibt:

[…] daß gantze iahr durch hat man alle zeit hir den Sommer, weiß von keiner kalt zu sagen und die hitz der sonnen ist oftermahls sehr groß. Man hat hir nichts als Wasser zudrinken, man gebe oft einen Taler umb einen kühlen Drunck Wasser, daß korn zu sehen hat man hir kein gewisse zeit, man findt hir alle zeit etwaß das gesahet und etwas welches halb wachset und etwas welches itz zeitig zu schneiden, allein von wegen der großen hitz verdrucknet es oftermahls, daß gantze iahr durch hat man hir alle zeit früchte genugsamb (Loessing zit. nach Nebgen 2006: 313).

Desselben Wegs wie Jakob Loessing ist 183 Jahre später auch Alexander von Humboldt nach Bogotá gekommen. Er befuhr den Magdalenenstrom, stieg von Honda aus in die Andenwelt auf und gelangte mit Erstaunen auf die Hochebene:

Vier Tage war man in Hohlwegen eingeschlossen, in denen kaum der Körper des Maulthieres Platz findet; das Auge ist an des Waldes Dickicht gewöhnt, an Abgründe und Felsklippen, und plötzlich sieht man grenzenlose Weizenfelder in der baumlosen Ebene. Und gerade in dieser Höhe, hoch wie die höchsten Pyrenäen, in dieser luftdünnen Atmosphäre, haben die Menschen eine große Stadt angelegt […]. Welche Ideen erweckt der Anblick dieser Fluren! So freundlich auch den Europäer die Weizenäcker anlächeln, so hat die Ebene wegen gänzlicher Baumlosigkeit und der Rauheit des Klimas doch einen ernsten, ja traurig einförmigen Charakter. Man erblickt im Osten eine hohe Gebirgskette, an deren Fuß Santa Fe de Bogotá liegt, die Hauptstadt des Vizekönigreichs Neu-Granada […]. In Santa Fe de Bogotá ist es so kalt, daß in allen Häusern Fußteppiche liegen, doch nirgends findet man Kohlenbecken. Trauben reifen nicht. Aber zwei Stunden davon, wenn man den malerischen Wasserfall von Tequendama herabsteigt, Bananen und Ananas in Fülle. Wegen dieser Nähe des heißesten und kältesten Klimas sind die Lebensmittel so wohlfeil wie in keiner anderen amerikanischen Stadt, gibt es so vortreffliches Gemüse, Blumenkohl, Erbsen, Erdbeeren, Äpfel (Humboldt 1992: 225).

Humboldt hielt sich vom 10. Juli 1801 an in Bogotá auf. Sein Gastgeber und wichtigster Gesprächspartner war Don José Celestino Mutis, ein Priestergelehrter, der 1761 als Leibarzt eines Vizekönigs nach Neu-Granada gekommen, nach dessen Amtszeit geblieben, in den geistlichen Stand getreten und in jahrzehntelanger Arbeit die botanische Welt seiner Wahlheimat erfasst, geordnet und beschrieben hatte; vor allem seinetwegen hatte der junge deutsche Wissenschaftler die weite und beschwerliche Reise nach Bogotá unternommen. Über seine Ankunft schreibt er:

> Der in Bogotá so lang erwartete Einzug war dann in der Tat sonderbar possierlich […]. Alle Fenster waren voller Köpfe, die Gassenbuben und Schulknaben liefen schreiend, mit Fingern auf mich weisend, eine Viertelmeile weit neben der Kutsche her. Alles versicherte, daß in dem toten Bogotá seit zwanzig Jahren nicht soviel Bewegung stattgefunden habe. In Caracas wäre dies unmöglich gewesen. Dort ist man gewohnt, Fremde und Nichtspanier zu sehen. Aber im Innern von Südamerika, und so wunderbare Ketzer, die die Welt durchlaufen, um Pflanzen zu suchen, und nun hier ankamen, um ihr Heu mit dem des Don Mutis zu vergleichen! Das mußte die Neugier reizen. Dazu der Umstand, daß der Vizekönig unserer Ankunft Wichtigkeit beimaß und uns auf das feinste zu behandeln befahl […]. Der alte Mutis erwartete uns mit seinen Freunden, eine ehrwürdige geistreiche Gestalt in priesterlicher Soutane. Er umarmte uns mit vieler Herzlichkeit, lächelte, als er mich mit dem Barometer aussteigen sah und wie ich das Instrument niemandem anvertrauen wollte. Mutis war bei dieser ersten Zusammenkunft fast verlegen bescheiden. Wir sprachen von wissenschaftlichen Dingen, ich erzählte von den Pflanzen, die wir heute gesehen hatten. Er lenkte das Gespräch geschickt auf andere Gegenstände, um es allgemein verständlicher zu machen (Humboldt 1992: 229f.).

Während der beiden folgenden Monate hatte Humboldt Gelegenheit zum fachwissenschaftlichen Austausch, zu Exkursionen in die Umgebung, zur Nutzung der vorzüglichen Bibliothek seines Gastgebers und immer wieder zu Begegnungen mit der studierenden Jugend der Stadt, die dank der von Mutis konzipierten und vom Vizekönig unterstützten Universitätsreform großes Interesse an den Naturwissenschaften zeigte. Am 8. September brach Humboldt von Bogotá auf und setzte seine Reise nach Quito fort:

> Der Abschied in Mutis' Haus war in der Tat rührend. Der alte Mann hatte uns mit Güte und Wohltaten überhäuft, er gab uns Speisevorrat mit, den drei stämmige Maultiere kaum fortschleppen konnten. Er schenkte uns überdies eine große Menge getrockneter Spezimina aus seiner Flora von Bogotá und über sechzig prächtige kolorierte Pflanzenabbildungen von seinen besten Malern […]. Unser Austritt aus Bogotá war fast so glänzend wie unser Eintritt. Von allen Seiten bot man uns Geld an […]. Zum Glück bedurften wir nichts. Wir hatten elf Gepäckmulas, davon drei mit Speisen, Feldtisch, Nachtstuhl, zwei mit Betten, so sehr stieg unser Luxus, und im Orinoko waren wir mit zwei Koffern […] (Humboldt 1992: 241).

2010 Jahre trennen uns von Humboldts Aufenthalt in Bogotá. Unser Interesse gilt dem heutigen Kolumbien. Im ersten Beitrag wird gleichwohl auch zumindest die jüngere Vergangenheit des Landes angesprochen, hat sie doch viele der heutigen heterogenen Lebenswelten mitverursacht und geprägt.

Quellen

Humboldt, Alexander von (1992): *Die Wiederentdeckung der Neuen Welt. Erstmals zusammengestellt aus dem unvollendeten Reisebericht und den Reisetagebüchern.* Herausgegeben und eingeleitet von Paul Kanut Schäfer. München/Wien: Hanser.

Nebgen, Christoph (2006): „Ein bislang unbekannter Reisebericht des Laienbruders und Zimmermanns Jacob Loessing SJ aus Kolumbien von 1618/19". In: *Zeitschrift für Missionswissenschaft und Religionswissenschaft* 90, 306-314.

SVEN SCHUSTER

(Bogotá)

Das Erbe des Kriegsherrn: Kolumbien nach Uribe

Resumen

Este artículo ofrece un balance de los ocho años de gobierno de Álvaro Uribe (2002-2010) en Colombia. El enfoque está en la así llamada "política de seguridad democrática" cuyos aspectos positivos y negativos son analizados. En particular, se trata de indagar sobre la manera en que el autoritarismo del gobierno Uribe ha afectado el sistema político, si se han podido resolver algunos de los problemas estructurales que están detrás del conflicto armado y, finalmente, cuáles perspectivas se abren bajo el nuevo gobierno de Juan Manuel Santos.

1. „Bewaffneter Konflikt" oder „Narco-Terrorismus"?

Als Juan Manuel Santos am 7. August 2010 die Präsidentschaft in Kolumbien antrat, galt er den meisten Kolumbianern lediglich als politischer „Ziehsohn" seines Vorgängers Álvaro Uribe, der das Land seit 2002 mit harter Hand regiert hatte. Nicht wenige politische Analysten sprachen im Vorfeld der Wahlen, bei der sich der von dem rechtskonservativen *Partido de la U* unterstützte Santos in einer Stichwahl gegen seinen Herausforderer Antanas Mockus vom *Partido Verde* durchsetzen konnte, von einer „russischen Lösung". Demnach würde Uribe, dem aufgrund der Verfassung eine weitere Wiederwahl versagt geblieben war, ähnlich wie Wladimir Putin weiterhin im Hintergrund die Fäden ziehen, während sein ehemaliger Verteidigungsminister Santos – gewissermaßen als kolumbianischer Medwedew – lediglich als Befehlsempfänger fungiere (vgl. Valenzuela 2010).

Nach dem ersten Jahr der Präsidentschaft Santos' stimmen nun sowohl seine Gegner als auch seine Befürworter darin überein, dass sich dessen Amtsführung in zentralen Punkten von derjenigen Uribes unterscheidet. Obgleich Santos bereits im Wahlkampf verkündet hatte, das Erbe Uribes vor allem im Bereich der inneren Sicherheit unangetastet zu lassen, schlug er im Umgang mit den Nachbarstaaten Ecuador und Venezuela sowie im Hinblick auf die Sozialpolitik neue Töne an. Während Uribe vor allem auf militärische Mittel bei der Bekämpfung der linksgerichteten Guerilla gesetzt hatte, wobei er auch vor Militärschlägen jenseits der Landesgrenzen nicht zurückschreckte, gelang es Santos die angespannten diplomatischen Beziehungen zu den Nachbarn wieder zu verbessern. Im Mai 2011 kam es schließlich zu einem offenen Disput zwischen Santos und Uribe über die Frage, ob in Kolumbien von einem „bewaffneten Konflikt" oder von „Narco-Terrorismus" die Rede sein müsse (vgl. *El Espectador* 04.05.2011).

In der Lesart Uribes gebe es in Kolumbien nämlich keinen „bewaffneten Konflikt", da dies das Vorhandensein kriegführender Parteien nach dem Genfer Abkommen voraussetze. Von politisch motivierten Gruppen oder gar „Freiheitskämpfern" könne in Kolumbien indes keine Rede sein, da sich insbesondere die 1964 gegründete linksgerichtete FARC-Guerilla (*Fuerzas Armadas Revolucionarias de Colombia*) eher durch ihre Beteiligung am organisierten Verbrechen und am Drogenhandel als durch die Verfolgung politischer Ziele auszeichne. Des Weiteren würden sie die Menschenrechte mit Füßen treten, was sich vor allem an der Rekrutierung von Kindersoldaten, der Entführung und teils jahrelangen Geiselnahme von Zivilisten sowie dem massiven Einsatz von Landminen zeige (vgl. *El Tiempo* 15.05.2011).

Im Großen und Ganzen erschöpfte sich der verbale Schlagabtausch zwischen Santos und Uribe jedoch in semantischen Spitzfindigkeiten über die Frage nach der „richtigen" Benennung des nunmehr fast 50 Jahre andauernden Binnenkonflikts. Beide Politiker betonten dabei, dass es zwischen ihnen abgesehen von der Frage nach dem Charakter des Konflikts keinerlei inhaltliche Differenzen bezüglich der negativen Beurteilung der Guerilleros im Allgemeinen gebe. So ist es ein offenes Geheimnis, dass Santos sich aus recht „pragmatischen" Gründen dazu entschieden hat, den Konflikt zwischen Regierung und Aufständischen beim Namen zu nennen. Denn mitnichten war und ist es seine Absicht, die historischen Wurzeln des Kampfes im Bürgerkrieg der 1940er und 50er Jahre – der sogenannten *Violencia* – oder gar den möglicherweise legitimen Widerstand der bewaffneten Linken gegen die hermetische Zweiparteienherrschaft des sogenannten *Frente Nacional* (1958-74) anzusprechen.[1] Wie die Mehrheit der politischen Kommentatoren schnell erkannt hat, geht es Santos und seinen Anhängern in dieser Frage in erster Linie ums Geld (vgl. *El Espectador* 05.05.2011; *Revista Semana* 07.05.2011; *El Tiempo* 09.05.2011).

---

[1] Bei der *Violencia* handelte es sich um einen ursprünglich zwischen den Anhängern der Liberalen und der Konservativen ausgefochtenen Konflikt auf dem Land, der sich jedoch im Laufe der Zeit und seit Beginn der 1960er Jahre im Gefolge der kubanischen Revolution zunehmend revolutionäre Züge trug. Die Entstehung der FARC-Guerilla – offiziell 1964 gegründet – fällt in die letzte Phase dieses Bürgerkrieges, der insgesamt 200.000 Menschenleben kostete. Dagegen wurde der *Frente Nacional* 1958 von den Eliten der Liberalen und der Konservativen Partei ins Leben gerufen, um den bewaffneten Kampf der Parteianhänger zu beenden. Es handelte sich dabei um ein alternierendes System, bei dem sich die Liberalen und die Konservativen alle vier Jahre an der Macht abwechselten – unabhängig vom Wahlausgang. Da andere Akteure von der politischen Partizipation ausgeschlossen blieben, führte das System auf lange Sicht zur weiteren Radikalisierung linker Gruppen und Guerilla-Organisationen. Siehe hierzu Schuster (2009).

So ist Santos' Entscheidung vor allem dem am 10. Juni 2011 erlassenen „Gesetz zur Entschädigung der Opfer und zur Rückerstattung des Landes" (*Ley de Víctimas y de Restitución de Tierras*) geschuldet, wonach sämtliche Opfer der bewaffneten Gruppen sowie die ihres Landes beraubten *Campesinos* eine Entschädigung von staatlicher Seite erhalten sollen (vgl. Congreso de la República 2011). Um jedoch die Staatskasse nicht über die Maßen zu belasten, so Santos, dürfe dieses im Prinzip vorbildliche Gesetz nur für die Opfer politisch motivierter Gewalttaten gelten, nicht jedoch für die Opfer gewöhnlicher Kriminalität (vgl. *El Espectador* 05.05.2011). Hintergrund dieser Auslegung ist die Tatsache, dass bereits eine umfassende Entschädigung der Opfer der linksgerichteten Guerilleros und der rechtsgerichteten Paramilitärs die finanziellen Möglichkeiten des Staates deutlich übersteigen würde. Die Einbeziehung aller bewaffneten Akteure – insbesondere der seit einigen Jahren im Wachstum begriffenen sogenannten „aufstrebenden kriminellen Banden" (*bandas criminales emergentes* oder BACRIM), den Nachfolgern der offiziell demobilisierten Paramilitärs – sei daher ein Ding der Unmöglichkeit. Eine Herabstufung der zwischen 1997 und 2005 unter dem Dach der AUC (*Autodefensas Unidas de Colombia*) vereinten Paramilitärs sowie insbesondere der linksgerichteten Guerilleros zu „gewöhnlichen Kriminellen", wie dies Uribe in seiner Rede vom „Narco-Terrorismus" fordert, würde die Entschädigungszahlungen explodieren lassen (vgl. *El Espectador* 05.05.2011). Besonders fragwürdig an einer solchen Sichtweise ist indes der Umstand, dass der Staat und seine Organe durchaus Zugriff auf beträchtliche Vermögen der demobilisierten Paramilitärs hätten; etwa in Form von konfiszierten Luxusgütern, ausländischen Konten und geraubtem Land. Die milliardenschweren Vermögen der Paramilitärs sind bislang jedoch kaum angetastet worden. Ebenso wie die Strafverfolgung der etwa 35.000 demobilisierten Paramilitärs, von denen bislang nur vier zu einer Haftstrafe von höchstens acht Jahren verurteilt wurden, sehr zu wünschen übrig lässt, sind auch die seit den 1980er Jahre aufgebauten paramilitärischen Strukturen, die bis weit in den staatlichen Verwaltungsapparat sowie in die Sphäre der Politik hinreichen, nach wie vor existent (vgl. Schuster 2010: 18f.).

Dabei ist die sogenannte *parapolítica*, die sich vor allem in der Unterwanderung der am 31. Oktober 2011 aufgelösten Sicherheitsbehörde DAS (*Departamento Administrativo de Seguridad*) sowie in der Kontrolle von zeitweise bis zu 30% der Abgeordneten des Nationalkongresses bemerkbar machte, nur eines der zahlreichen Probleme, die Uribe seinem Nachfolger im Präsidentenamt hinterlassen hat. Obwohl Uribes militaristische Politik der „Demokratischen Sicherheit" (*seguridad democrática*) insbesondere auf dem Feld der inneren Sicherheit und der Stärkung des staatlichen Gewaltmonopols von Erfolg gekrönt war, was ihn in Meinungsumfragen zum populärsten kolumbianischen Politiker aller Zeiten machte, so stellen sich sein autoritärer Regierungsstil, sein Umgang mit der Opposition, seine Missachtung der sozialen Frage sowie das von ihm propagierte neoliberale Wirtschaftsmodell in der Rückschau als durchaus kritikwürdig dar. Es gilt daher zu fragen, wie sich die von ihm auf den Weg gebrachten Reformen sowie die unter seiner Präsidentschaft vertiefte Polarisierung der Gesellschaft langfristig auswirken. Denn die eigentlichen Wurzeln des Konflikts hat auch Uribe nicht angegangen.

So ist es ein Faktum, dass der komplizierte kolumbianische Binnenkonflikt aus einer ebenso komplizierten Gemengelage von ideologischer Polarisierung, fehlender politischer Partizipation, sozialer Ungleichheit, wirtschaftlichen und politischen Partikularinteressen sowie der Existenz einer beträchtlichen illegalen Ökonomie resultiert. Obwohl Uribe auf dem Feld der inneren Sicherheit durchaus Fortschritte erzielen konnte, harren die übrigen hier genannten Probleme noch immer einer Lösung oder haben sich gar verschärft. Gemäß einer von der UNO in 187 Ländern durchgeführten Untersuchung zur sozialen Ungleichheit steht Kolumbien in dieser unrühmlichen Rangliste mittlerweile sogar an dritter Stelle, hinter Haiti und Angola (vgl. UNDP 2011). Kann Uribes Politik der „Demokratischen Sicherheit" unter solchen Bedingungen überhaupt als nachhaltig bezeichnet werden? Egal wie man seine Präsidentschaft in der Rückschau auch beurteilen mag, fest steht, dass in den vergangenen Jahrzehnten kaum ein Präsident das Land so grundlegend verändert hat wie er. Seine achtjährige Amtszeit stellt daher sowohl im Guten wie im Schlechten eine Zäsur dar.

2.   Wenig Licht und viel Schatten: die Ära Uribe in der Rückschau

Um Álvaro Uribes Erfolge auf dem Gebiet der inneren Sicherheit ausreichend würdigen zu können, ist es unerlässlich einen Blick auf die Jahre unmittelbar vor seinem Amtsantritt zu werfen. So galt Kolumbien gegen Ende der 1990er Jahre vielen ausländischen Beobachtern bereits als „gescheiterter Staat". Der Grund für diese pessimistische Analyse lag in erster Linie in der besorgniserregenden Sicherheitssituation. Das seit den 1940er Jahren von politischer Gewalt geprägte Klima hatte sich nämlich seit Ende der 1970er Jahre aufgrund der rasant an Bedeutung gewinnenden Drogenökonomie stark verschlechtert. Zu den bereits existierenden linksgerichteten Gewaltakteuren wie dem M-19 (*Movimiento 19 de Abril*), dem ELN (*Ejército de Liberación Nacional*) und der FARC gesellten sich nun die ursprünglich von Großgrundbesitzern zum Schutz vor der Guerilla gegründeten Paramilitärs und schließlich die Drogenhändler (*narcotraficantes*) hinzu. Zwischen letzteren beiden entwickelte sich schon bald ein symbiotisches Verhältnis, wobei auch Teile des Staates unter den Einfluss der sogenannten „Kartelle" aus Medellín und Cali gerieten (vgl. Pizarro Leongómez 2004: 167-201). Die aus den gigantischen Erlösen des Kokainhandels resultierenden Verteilungskonflikte lösten eine Welle der Gewalt aus, die Kolumbien in den 1980er und 90er Jahren zum statistisch betrachtet gewalttätigsten Land der Erde machten. Doch auch die linksgerichteten Guerilleros der FARC profitierten vom boomenden Rauschgifthandel, indem sie von den in ihren Gebieten ansässigen Kokabauern eine Art Steuer, den sogenannten *gramaje*, eintrieben (vgl. Leech 2011: 60-74).

Da sich die Aktivitäten der Guerilleros bis heute auf die erste Stufe der Produktionskette, also den Anbau von Koka, konzentrieren, sind ihre Einnahmen deutlich geringer als die der mittlerweile dezentralisierten Kartelle, der Paramilitärs sowie der Endhändler. Einen großen Teil der Gewinne aus dem *narcotráfico* streichen in letzter Zeit zudem mexikanische Kartelle ein, welche die Kolumbianer als Großhändler auf dem US-Markt verdrängt haben (vgl. Hoffmann 2009: 59f.). Dennoch gelang es den FARC seit den 1980er Jahren mit Hilfe der Einnahmen aus dem Kokaanbau ihre militärische Kapazität um ein Vielfaches zu steigern. Auf dem Höhepunkt ihrer Macht, gegen Ende der 1990er Jahre, zählte die von Europa und den USA als „terroristische Organisation" eingestufte Gruppe etwa 18.000 Kämpfer und kontrollierte mehr als 40% des Staatsterritoriums (vgl. Leech 2011: 62f.). Die nun bereits untrennbar mit der Drogenökonomie verbundenen Guerilleros zeigten sich in dieser Phase derart selbstbewusst, dass sie dem notorisch schwachen kolumbianischen Staat schließlich sogar ein „neutrales" Gebiet von der Größe der Schweiz abringen konnten.

In dieser sogenannten „Entspannungszone" (*zona de distensión*) im Süden Kolumbiens sollten ab Januar 1999 unter der Präsidentschaft Andrés Pastranas Friedensverhandlungen stattfinden. Die Guerilla zeigte sich jedoch nicht wirklich an einer Verhandlungslösung interessiert, stellte utopische politische Forderungen und nutzte unterdessen die Zeit, um in „ihrem" Kolumbien eigene parastaatliche Strukturen aufzubauen, den Kokaanbau zu intensivieren sowie militärische Operationen durchzuführen (vgl. Leech 2011: 84f.). Nach dem absehbaren Scheitern der Verhandlungen befand sich das Land im Februar 2002 erneut am Abgrund. Die Regierung Pastrana beantwortete die Herausforderung durch die Aufständischen und die Drogenbarone einerseits mit der von den USA unterstützten Militärinitiative *Plan Colombia*, in deren Rahmen bis dato etwa sieben Milliarden US-Dollar nach Kolumbien transferiert wurden, zum anderen aber auch mit der stillschweigenden Duldung eines schmutzigen Krieges gegen die Guerilla und deren mutmaßliche zivile Sympathisanten (vgl. Salgado Ruiz 2002: 477ff.). Dieser von den Paramilitärs häufig im Verbund mit den regulären Streitkräften gegen die Zivilbevölkerung geführte Krieg kostete seit den 1990er Jahren Tausende Unschuldige das Leben. Getreu dem Motto, dass man dem „Fisch das Wasser abgraben" müsse, terrorisierten die Paramilitärs die auf dem Land lebende Zivilbevölkerung, was zum massenhaften Exodus armer *Campesinos* in die urbanen

Zentren führte. Schätzungen des Flüchtlingshilfswerk der Vereinten Nationen zufolge beläuft sich die Zahl der Binnenflüchtlinge in Kolumbien heute auf über vier Millionen (vgl. UNHCR 2011).

In diesem von Gewalt, Instabilität und ideologischer Polarisierung geprägten Klima betrat Álvaro Uribe im Jahre 2001 als Präsidentschaftskandidat des konservativen Wahlbündnisses *Primero Colombia* die nationale politische Bühne. Der ehemalige Anhänger der Liberalen Partei war in den Jahren von 1995 bis 1997 bereits Gouverneur des Departements Antioquia gewesen, wo er sich den Ruf eines *Law-and-Order*-Politikers mit großem Talent in Fragen der Verwaltung und der Wirtschaftsentwicklung erwarb. Allerdings wurden dem Großgrundbesitzer und seiner Familie schon bald Verbindungen zum Drogenhandel und zu paramilitärischen Gruppen nachgesagt. So schlossen sich etwa viele Mitglieder einer von Uribe in Antioquia zum Schutz gegen die Guerilla gegründeten Bürgerwehr namens CONVIVIR später den AUC an (vgl. Zelik 2009: 116f.). Unter dem Wahlkampfslogan „Harte Hand, großes Herz" (*Mano firme, corazón grande*) gewann der auf nationaler Ebene zuvor weitgehend unbekannte Uribe schnell an Popularität, da ein Großteil der Kolumbianer nach dem Scheitern der Friedensverhandlungen mit den FARC nach einer militärischen Lösung verlangte. Gestützt auf eine parteiübergreifende Mehrheit verschiedener *Ad-hoc*-Allianzen sowie eines großen Teils der Konservativen Partei gewann Uribe am 26. Mai 2002 die Wahlen bereits in der ersten Runde. Sein Versprechen, Kolumbien sicherer zu machen, die Guerilla in die Knie zu zwingen, der Kriminalität und dem Drogenhandel den Kampf anzusagen sowie den Staat effizienter zu machen, hatte den Ausschlag gegeben.

Neben seinem Auftreten als Hardliner kam Uribe außerdem zu Gute, dass er sich in den Medien als fernab der traditionellen Parteien stehender „Anti-Politik-Politiker" präsentierte. Der in Kolumbien seit dem 19. Jahrhundert vorherrschende *bipartidismo* – das aus der Konservativen und der Liberalen Partei bestehende Machtkartell – gehörte mit dem Sieg Uribes endgültig der Vergangenheit an. Da es beiden Traditionsparteien während der größten gesellschaftlichen und politischen Krise seit der *Violencia* nicht gelungen war, geeignete Lösungen zur Verhinderung des drohenden Staatszerfalls zu finden, bot sich Uribe als Retter in höchster Not an. Dass er dabei auch zu autoritären Maßnahmen greifen würde, war seinen Wählern durchaus bewusst. Schließlich hatte er bereits während des Wahlkampfes keinen Hehl daraus gemacht, dass er die Vollmachten der Exekutive stärken und für mindestens drei Monate den Ausnahmezustand (*estado de conmoción interior*) verhängen würde, um das staatliche Gewaltmonopol durchzusetzen (vgl. König/Schuster 2010: 346f., 352f.).

Ein weiterer Faktor, der Uribes Aufstieg zum „Kriegsherren" begünstigte, war die gute wirtschaftliche Ausgangslage zu Beginn seiner Präsidentschaft.

Nachdem Kolumbien gegen Ende der 1990er Jahre als Folge der Asien-Krise noch ein Negativwachstum zu verzeichnen hatte, kam es zu Beginn des neuen Jahrtausends zu einem regelrechten Boom, der insbesondere vom Rohstoff- und Agrarexportsektor getragen wurde. Das von Uribe angestrebte Ziel, einen Freihandelsvertrag mit dem wichtigsten Handelspartner USA abzuschließen, sollte indes seinem Nachfolger Santos vorbehalten bleiben. Kritiker der Wirtschaftspolitik bemängelten jedoch, dass diese nicht nachhaltig sei und einseitig dem Exportsektor zu Gute komme. Der massive Devisenzufluss in Folge des Rohstoffbooms bewirke zudem eine unverhältnismäßige Aufwertung der Währung, was wiederum die übrigen Teile der Wirtschaft schädige und auf lange Sicht zur De-Industrialisierung Kolumbiens beitrage (vgl. De Lombaerde/Garay 2009). Wie Daten der Weltbank zeigen, haben sich drängende Probleme wie die soziale Ungleichheit (Gini-Koeffizient 2009: 58,5; 1996: 53,8), die auch im regionalen Vergleich sehr hohe Arbeitslosigkeit (2010: ca. 12%, mit Unterbeschäftigung über 30%), der hohe Grad der Informalität auf dem Arbeitsmarkt (2010: ca. 60%) sowie die Krise des Bildungs- und Gesundheitswesens trotz positiver makroökonomischer Kennziffern unter Uribe teilweise sogar noch verschärft. Lediglich bei der Reduktion der Armut ließen sich deutliche Fortschritte verzeichnen (2010: 37,2%, 2004: 47,4%; Weltbank 2011).

Nachdem es Uribe gegen Ende seiner ersten Amtszeit unter anderem durch gezielte Bestechung einzelner Abgeordneter (sogenannte *Yidispolítica*[2]) gelungen war, die Verfassung zu Gunsten einer einmaligen Wiederwahl zu ändern, setzte er seine Strategie der Militarisierung und der Wiedergewinnung des staatlichen Gewaltmonopols fort. Im Vergleich zum Beginn seiner Präsidentschaft war Kolumbien im Jahre 2010 tatsächlich ein wesentlich sichereres Land geworden. Die im Jahre 2002 erreichte Rekordmarke von knapp 30.000 Morden pro Jahr war bis 2010 auf ca. 17.500 zurückgegangen, die Zahl der Entführungen hatte sich ebenfalls deutlich reduziert (vgl. Otero Prada 2007: 152; Hernández Angarita 2011). Die Präsenz des Staates in städtischen Ballungsräumen nahm aufgrund der Militarisierung von Armenvierteln und infolge von Infrastrukturmaßnahmen insbesondere in den Metropolen Medellín und Cali deutlich zu (vgl. Weltbank 2011). Aber auch im ländlichen Raum, dem Herd des Binnenkonflikts, gelang es der Armee, deren Mannschaftsstärke sich unter Uribe auf 230.000 Soldaten nahezu verdoppelt hatte, längst verloren geglaubte Landesteile zurückzuerobern. Dabei konnten sich die Soldaten im Rahmen des *Plan Colombia* auf modernste US-

---

2 Die *Yidispolítica* wurde im April 2008 öffentlich, als die Abgeordnete Yidis Medina zugab, im Juni 2004 drei einträgliche Ämter angeboten bekommen zu haben, um der Verfassungsreform zur Wiederwahl Álvaro Uribes zuzustimmen. Da Medina dieses Angebot offenbar annahm, wurde sie später wegen Bestechlichkeit zu 47 Monaten Hausarrest verurteilt. Gegen weitere Politiker wird in diesem Zusammenhang noch ermittelt.

amerikanische Kriegstechnologie sowie von US-Instruktoren vermittelte Kenntnisse im Anti-Guerilla-Kampf stützen. Neben den 900 offiziell in Kolumbien stationierten US-Militärberatern operieren auch noch mehrere tausend Söldner im Dienste ausländischer Sicherheits- und Militärunternehmen in dem Land. Über deren Aktivitäten schweigt sich die Regierung jedoch beharrlich aus (vgl. Leech 2011: 85ff.).

Aufgrund der US-Militärhilfe und der damit verbundenen Modernisierung bzw. Neustrukturierung der Streitkräfte gelang es Uribe und seinem Verteidigungsminister Santos der Guerilla die schwersten Schläge in ihrer fast 50-jährigen Geschichte zuzufügen. Während der einst vom revolutionären Kuba inspirierte ELN auf dem Schlachtfeld praktisch vollständig aufgerieben, seine Strukturen größtenteils zerstört und seine Führer zeitweise zu Verhandlungen mit der Regierung gezwungen wurden, geriet auch die wesentlich größere und schlagkräftigere FARC-Guerilla in die Defensive. Als besonders verheerende Niederlagen der FARC erwiesen sich die Tötung ihres „Außenministers" Raúl Reyes am 1. März 2008 auf ecuadorianischem Staatsgebiet, der angeblich natürliche Tod ihres historischen Führers Manuel Marulanda ebenfalls im März 2008, die Befreiung der über sechs Jahre in Geiselhaft ausharrenden ehemaligen Präsidentschaftskandidatin Íngrid Betancourt am 2. Juli 2008 sowie – bereits unter der Präsidentschaft von Santos – die Tötung ihres militärischen Chefs Jorge Briceño am 22. September 2010. Den schwersten Schlag in ihrer gesamten Geschichte mussten die Rebellen indes am 31. Oktober 2011 hinnehmen, als deren Nummer 1, Alfonso Cano, bei einem Bombenangriff im Departement Cauca ums Leben kam. Bei Cano handelte es sich um das letzte der sogenannten „historischen" Mitglieder des siebenköpfigen FARC-Sekretariats.

Obwohl die FARC-Guerilla unter Uribe und Santos also empfindlich geschwächt wurde, ihre Mitgliederzahl auf etwa 8.000 Kämpfer gefallen ist und die Kommunikation zwischen den einzelnen landesweit operierenden *frentes* nur noch bedingt funktioniert, ist sie nach wie vor handlungsfähig. Von einer vollständigen Vernichtung der FARC, wie sie Uribe seiner Wählerschaft versprochen hatte, kann daher keine Rede sein. Politische Analysten gehen vielmehr davon aus, dass sich die Guerilleros nach dem Tod ihrer „historischen Führer" Marulanda und Cano nun noch stärker als zuvor dem Drogenhandel widmen werden und eine unter Cano noch denkbare Verhandlungslösung in weite Ferne rückt (vgl. *Revista Semana* 08.11.2011).

Neben den unbestreitbaren Erfolgen im Kampf gegen die linksgerichtete Guerilla schrieb es sich Uribe auch auf seine Fahnen, den zweiten großen Gewaltakteur in Kolumbien aus dem Verkehr gezogen zu haben, nämlich die rechtsgerichteten AUC. Nach einer zunächst informell und dann ab Juli 2005 im Rahmen des Gesetzes „Gerechtigkeit und Frieden" (*Justicia y Paz*) durchgeführten Demobilisierung von insgesamt 35.000 Paramilitärs, würde dieses düstere Kapitel nunmehr der Vergangenheit angehören (vgl. *El Espectador* 21.08.2011). Seit den 1980er Jahren hatten die paramilitärischen Verbände – oftmals in Komplizenschaft mit den *narcos* und der regulären Armee – mehr Menschen ermordet als alle linksgerichteten Guerillagruppen zusammen (vgl. Otero Prada 2007: 162-184). Doch ebenso wie Uribe den nach der Zerstörung der Kartelle von Cali und Medellín in den 1990er Jahren zunehmend dezentral agierenden *narcotráfico* keineswegs besiegte, so erwies sich auch die angebliche „Demobilisierung" der Paramilitärs bald als Farce.

Obwohl die Paramilitärs in vielen Fällen als verlängerter Arm der Streitkräfte agiert hatten, sollten sie nun im Rahmen des staatlichen Demobilisierungsprogrammes als „Aufständische" in die Gesellschaft reintegriert werden. Selbst die vom Gesetz *Justicia y Paz* vorgesehene Höchststrafe für politische Verbrechen von acht Jahren wurde dabei so gut wie nie ausgeschöpft. Obwohl das Gesetz ausdrücklich nicht als Amnestiegesetz konzipiert worden war, ist die überwiegende Mehrheit der Paramilitärs bislang straffrei geblieben. Lediglich die dreizehn obersten paramilitärischen Führer wurden im Mai 2008 auf Geheiß Uribes an die USA ausgeliefert, wo sie ausschließlich wegen Drogenhandels angeklagt wurden. Bei dieser Entscheidung dürfte wohl auch eine Rolle gespielt haben, dass Uribe jedwede den Staat und die Armeeführung belastende Aussagen der Paramilitärs vor der kolumbianischen Justiz verhindern wollte, wie etwa die Menschenrechtsorganisation *Colectivo de Abogados José Alvear Restrepo* unterstellt (vgl. CAJAR 2011). Aufgrund der äußerst „vorteilhaften" Bedingungen einer Wiedereingliederung und somit gleichsam der nachträglichen Legitimierung ihrer illegalen Aktivitäten konnten sich insbesondere die mittleren Ränge der paramilitärischen Verbände erfolgreich „recyceln". Die im Jahre 2003 noch auf maximal 13.500 Kombattanten geschätzten Paramilitärs hatten sich nach dem Erlass des Gesetzes gewissermaßen über Nacht auf 35.000 verdoppelt (vgl. Otero Prada 2007: 89). Aufgrund fehlender oder unzureichender Kontrollmechanismen waren viele gewöhnliche Kriminelle und *narcos* schlicht zu angeblich „politisch motivierten" Paramilitärs mutiert, um die Quasi-Amnestie von *Justicia y Paz* in Anspruch zu nehmen.

Ob die von dem im April 2004 ermordeten Carlos Castaño unter dem Dach der AUC organisierten Paramilitärs tatsächlich jemals politische Ziele hatten, ist dabei mehr als fraglich. Bis auf einige von Castaño und anderen paramilitärischen Führern recht vage formulierte Ziele in Bezug auf eine autoritäre und konservative Gesellschaftsordnung ist kein detaillierter politischer Forderungskatalog bekannt. Der Politikwissenschaftler Raul Zelik bezeichnet die angebliche „Politisierung" der AUC sogar als reine Inszenierung, um in der medialen Öffentlichkeit „eine Symmetrie von ‚rechten' und ‚linken' Rebellen [herzustellen]" (Zelik 2009: 110). Die starken Verbindungen zwischen den paramilitärischen Verbänden der Atlantikküste und bestimmten

Politikern, wie sie durch den Skandal der *parapolítica* offenkundig wurden, beruhten in erster Linie auf dem beträchtlichen ökonomischen und militärischen Potenzial der illegalen Gruppen. Da praktisch alle paramilitärischen Verbände mit dem *narcotráfico* in Verbindung standen bzw. stehen, erachteten sie es als zweckdienlich einen Teil des Kongresses für ihre Zwecke einzuspannen, um ungestört ihren illegalen Geschäften nachzugehen. So finanzierten die Paramilitärs den *parapolíticos* und deren *Ad-hoc*-Allianzen einen großen Teil des Wahlkampfes und sorgten nicht selten mit Gewalt für die „richtige" Stimmabgabe in den von ihnen kontrollierten Gebieten (vgl. Zelik 2009: 133-139). Daneben erhielten die *parapolíticos* einen Teil der Wählerstimmen auch durch direkten Klientelismus, indem sie den Wählern in „ihren" Regionen die Wahl in den Kongress mit bestimmten Gefälligkeiten entlohnten. Dass Wahlen in Kolumbien nicht selten mit Geldern des *narcotráfico* finanziert werden und dass der traditionelle Klientelismus nach wie vor eine große Rolle spielt, zeigte sich zuletzt während der Regionalwahlen im Oktober 2011, bei der es in zahlreichen ländlichen Munizipien zu Unregelmäßigkeiten und auch zu Gewalttaten kam (vgl. *El Tiempo* 30.10.2011). Dass die Drogenhändler und die mit ihnen verbündeten Paramilitärs jedoch sogar die Wahl des Präsidenten beeinflussen können, verdeutlichte zwischen 1995 und 1996 der sogenannte *proceso 8.000*-Skandal, bei dem die Finanzierung des Wahlkampfs von Präsident Ernesto Samper durch das Cali-Kartell offengelegt wurde. Obwohl der Kongress den Präsidenten vom Verdacht der Käuflichkeit freisprach, waren die meisten Kolumbianer von der Einflussnahme der Drogenbosse auf die Politik überzeugt (vgl. Rincón 1997).

Obgleich Uribe die Paramilitärs also offiziell „demobilisiert" hatte, bestanden die tieferliegenden Strukturen weiterhin fort. Diese Strukturen äußerten sich zum einen in der Gründung zahlreicher „parapolitischer" Parteien wie *Cambio Radical*, PIN (*Partido de Integración Nacional*, vormals *Convergencia Ciudadana*) oder *Alas Equipo Colombia*, welche Uribe offen unterstützten und von diesem wiederum trotz ihres fragwürdigen Hintergrunds als Mehrheitsbeschaffer akzeptiert wurden. Des Weiteren tauchten schon bald nach der „Demobilisierung" der AUC neue paramilitärische Verbände auf, die von Großgrundbesitzern und Drogenhändlern zur Verteidigung ihrer Interessen gegen die Guerilla ins Leben gerufen wurden. Der von der Regierung eingesetzten „Nationalen Kommission für Wiedergutmachung und Entschädigung" (*Comisión Nacional de Reparación y Reconciliación*, CNRR) gemäß hätten diese als BACRIM bezeichneten Akteure, die offiziellen Angaben zufolge mittlerweile über 4.000 Mitglieder zählen, jedoch nichts mit den früheren AUC gemein. Im Gegensatz zu den „politischen" AUC handle es sich bei den BACRIM vielmehr um gewöhnliche Kriminelle ohne jede politische Zielsetzung (vgl. CNRR 2007). Bei näherer Betrachtung des Phänomens BACRIM zeigt sich jedoch, dass deren Auftraggeber und Hintermänner häufig die gleichen sind wie diejenigen der AUC. Es verwundert daher kaum, dass sich auch die BACRIM vornehmlich dem Drogengeschäft widmen, Landraub im großen Stil betreiben – etwa zur Anpflanzung der lukrativen afrikanischen Ölpalme – sowie ferner durch die Ermordung von Menschenrechtsaktivisten, Gewerkschaftern und politischen Oppositionellen auffallen. Dass insofern kein substantieller Unterschied zwischen den AUC und den BACRIM besteht, ist daher nicht nur kritischen Intellektuellen in Kolumbien aufgefallen. So erhoben auch internationale NGOs wie *Human Rights Watch* während der Präsidentschaft Uribes mehrmals den Vorwurf, dass es sich bei dem Demobilisierungsprozess um eine Farce handle, da sich an den dem Paramilitarismus zugrundliegenden Strukturen nichts geändert habe (vgl. Human Rights Watch 2005, 2010). Im Gegenteil, die Unterwanderung sämtlicher staatlicher Institutionen durch die Paramilitärs nahm unter Uribe weiter zu. Im Jahre 2011, ein Jahr nach dem Ende seiner Präsidentschaft, wurde langsam sichtbar, wie sehr höchste politische Kreise, die Führung der Armee sowie der Sicherheitsdienst DAS in das Treiben der Paramilitärs verstrickt waren.

Obwohl Uribe unmittelbar nach seiner Präsidentschaft mit aller Kraft versuchte, Prozesse gegen die damaligen Auftraggeber aus Staat und Armee zu verhindern, wurden in rascher Folge einige der Drahtzieher des staatlichen Terrors zu langjährigen Haftstrafen verurteilt. Es wurde somit offensichtlich, dass die Einbindung der Paramilitärs in staatliche Institutionen unter Uribe System hatte. So erteilte etwa das DAS unter der Führung seines Direktors Jorge Noguera den Paramilitärs Mordaufträge, um missliebige linke Aktivisten und Gewerkschafter „auszuschalten" (vgl. Zelik 2009: 135f.). Des Weiteren sahen sich Noguera und seine Nachfolgerin, María del Pilar Hurtado, bereits gegen Ende der zweiten Amtszeit Uribes mit dem sogenannten *chuzadas*-Skandal konfrontiert. Dabei handelte es sich um eine Art „großer Lauschangriff" gegen oppositionelle Politiker aus dem linken Spektrum, aber auch gegen Anwälte und selbst gegen Mitglieder des Obersten Gerichtshofs. Deren Wohnungen, Büros und Telefone wurden ohne gesetzliche Grundlage von Agenten des DAS überwacht. Während Noguera für seine Taten am 14. September 2011 zu 25 Jahren Gefängnis verurteilt wurde, floh Hurtado im November 2010 nach Panama, wo sie politisches Asyl beantragte.[3] Beide galten indes als enge Vertraute Uribes, der noch im Jahre 2006 – als die Staatsanwaltschaft bereits gegen Noguera ermittelte – für seinen treuen Verbündeten „die Hand ins Feuer legte" (*El Espectador* 14.09.2011).

Neben dem DAS war unter Uribe auch die Armee in zahlreiche Skandale verstrickt, wobei insbesondere die Vereinbarkeit von Aufstandsbekämpfung

---

3 Anmerkung der Herausgeberinnen: Erst im Januar 2015 stellte sich Hurtado der kolumbianischen Justiz, nachdem Interpol sie zur internationalen Fahndung ausgeschrieben und Panama ihren Flüchtlingsstatus im Jahre 2014 aufgehoben hatte.

und Menschenrechten in den Fokus der Öffentlichkeit geriet. Denn weder dem Verteidigungsminister noch der Armeeführung gelang es trotz großer Bemühungen, den Skandal um die sogenannten *falsos positivos* (etwa „gefälschte Abschüsse") unter den Tisch zu kehren. Dabei handelte es sich um eine Serie außergerichtlicher Hinrichtungen durch Armeeangehörige, der vor allem Jugendliche aus den Elendsvierteln der Großstädte sowie *Campesinos* zum Opfer fielen. Soldaten des Heeres sollen nach bisherigem Kenntnisstand über 1.000 Unschuldige ermordet haben, um sie anschließend als getötete Guerilleros auszugeben. Dahinter stand ein kaum nachvollziehbares Prämiensystem, das jedem Soldaten Extra-Sold bzw. Extra-Urlaub für die „Eliminierung" eines „Subversiven" einbrachte. Dass Santos in seiner Funktion als Verteidigungsminister von diesem System nichts gewusst haben will, ist angesichts der unzähligen Hinweise durch Menschenrechtsorganisationen während der vergangenen Jahre kaum glaubhaft (vgl. Schuster 2010: 17). Ebenso wie Uribe scheint auch Santos zwischen 2002 und 2010 nach dem zynischen Motto verfahren zu sein: „Wo gehobelt wird, fallen Späne".

Dass die von staatlicher Gewalt geprägten Jahre unter Uribe nicht gerade förderlich für die gesellschaftliche Entwicklung eines ohnehin zerrissenen und polarisierten Landes gewesen sind, dürfte auf der Hand liegen. Doch auch im Hinblick auf die soziale Situation der meisten Kolumbianer, deren politische Partizipation sowie die Funktionsweise der staatlichen Institutionen sollte sich der Autoritarismus der Uribe-Administration als schwere Hypothek erweisen. So war bereits kurz nach seiner Wahl zum Präsidenten der Weg hin zu einer stärkeren Exekutive vorgezeichnet. Nach der temporären Ausrufung des Ausnahmezustandes, wodurch weite Teile des Landes *de facto* unter die Herrschaft des Militärs gerieten, begann Uribe unverzüglich damit, die bestehenden Institutionen umzugestalten. Zuvor hatte ihn der Kongress autorisiert, bei der Schaffung, Zielfestlegung und Auflösung staatlicher Organe eine aktivere Rolle zu übernehmen. Im Vordergrund sollten Effizienz, Bürgernähe, Wirtschaftlichkeit und Austerität stehen. Obwohl im Einklang mit neoliberalen Rezepten zur „Strukturanpassung" viele besonders verlustreiche staatliche Sektoren zerschlagen bzw. privatisiert wurden, gelang es Uribe nicht, das Haushaltsdefizit maßgeblich zu reduzieren und die Zusammenarbeit der einzelnen Behörden entscheidend zu verbessern (vgl. König/Schuster 2010: 350). Des Weiteren versagte seine Regierung auch auf dem Feld der Korruptionsbekämpfung, wie zahlreiche Skandale in den letzten Jahren verdeutlichten. Als besonders medienwirksam erwies sich in diesem Kontext der Prozess gegen den Landwirtschaftsminister Andrés Felipe Arias, genannt *Uribito*. Nachdem das Verfassungsgericht im Februar 2010 Uribe eine zweite Wiederwahl untersagt hatte, war Arias vom amtierenden Präsidenten zu seinem Nachfolger aufgebaut worden. Der mittlerweile inhaftierte *Uribito* stürzte jedoch bald über den sogenannten *Agro-Ingreso-Seguro-*

Skandal. Dabei handelte es sich um ein staatliches Subventionsprogramm, mit dessen Hilfe der unterentwickelte kolumbianische Agrarsektor für den schließlich am 10. Oktober 2011 vom US-Kongress ratifizierten Freihandelsvertrag zwischen Kolumbien und den USA wettbewerbsfähig gemacht werden sollte. Ein Großteil der Gelder floss jedoch direkt in die Taschen von *Uribitos* politischer Klientel, darunter vor allem mächtige Großgrundbesitzer der Atlantikküste. Anstatt also den Millionen verarmter *Campesinos* zu Gute zu kommen, verschärfte das *Agro-Ingreso-Seguro*-Programm die ohnehin extrem ungleiche Verteilung der landwirtschaftlich nutzbaren Böden noch weiter (vgl. *Revista Semana* 25.09.2011). Einige Analysten sprechen in diesem Zusammenhang sowie unter Bezugnahme auf den systematischen Landraub durch die Paramilitärs sogar von einer regelrechten „Gegenlandreform" (*contrarreforma agraria*).[4]

Durch Uribes im Oktober 2005 vom Verfassungsgericht gebilligte Wiederwahl verschoben sich zudem die institutionellen Rahmenbedingungen noch weiter zu Gunsten der Exekutive. Da die Exekutive unter Uribe zugleich die dominierende Kraft im Gesetzgebungsprozess war, blieb ein funktionierendes System von *checks and balances* Wunschdenken. Der ohnehin durch den Skandal der *parapolítica* diskreditierte Kongress bot sich auch aufgrund der fortschreitenden Atomisierung der Parteienlandschaft kaum als Gegenspieler der Exekutive an. Während die beiden historischen Traditionsparteien der Liberalen und der Konservativen stark an Bedeutung verloren, entstanden zahlreiche *Ad-hoc*-Allianzen ohne klar erkennbare Inhalte und vor allem ohne Parteidisziplin. Wie viele und welche dieser „Parteien" die Ära Uribe tatsächlich überleben, ist noch ungewiss. So stützt sich etwa Uribes Nachfolger Santos auf den von ihm gegründeten *Partido de la U*, der ursprünglich als wichtigster Mehrheitsbeschaffer Uribes galt. Die noch vor wenigen Jahren als Hoffnungsträger gehandelte linke Oppositionspartei PDA (*Polo Democrático Alternativo*) ist hingegen nach Korruptionsaffären und inneren Zerwürfnissen im Niedergang begriffen.

---

4   Gemäß eines Artikels der *Revista Semana* vom 25. September 2011, der sich wiederum auf Daten des jährlich von der UNO veröffentlichten *Human Development Report* beruft, verdankt sich die hohe soziale Ungleichheit in Kolumbien vor allem der ungleichen Landverteilung. Demnach würden nur 1,15% der Bevölkerung über 52% der landwirtschaftlich nutzbaren Böden verfügen. Dies sei insofern kritisch, da noch immer mehr als ein Drittel aller Kolumbianer auf dem Land leben würden, womit die UNO ausdrücklich anderslautenden Angaben der nationalen Statistikbehörde DANE (*Departamento Administrativo Nacional de Estadística*) widerspricht, die für Kolumbien nur ca. 20% rurale Bevölkerung ausmacht. Eine Lösung der Landfrage wäre insofern entscheidend, als sich im ländlichen Raum die wichtigsten legalen und illegalen Ressourcen befinden, weswegen der Binnenkonflikt im Wesentlichen auch dort ausgefochten wird.

Als besondere Mittel seiner von populistischen Zügen geprägten Herrschaft stützte sich Uribe auch auf Referenden, etwa um bestimmte Verfassungsartikel in seinem Sinne verändern zu lassen, sowie auf die sogenannten *consejos comunitarios*. Dabei handelte es sich um öffentliche Versammlungen in den Gemeinden unter Anwesenheit des Präsidenten und der Medien, wodurch der Eindruck des permanenten Kontakts zwischen Präsident und Bürgern suggeriert werden sollte. Diese öffentlichkeitswirksame Inszenierung „direkter Demokratie" war allerdings aufgrund des Fehlens echter Eingabemöglichkeiten zu keinem Zeitpunkt wirklich partizipativ (vgl. König/Schuster 2010: 347). Während seiner Amtszeit versuchte Uribe zudem, wichtige demokratische Kontrollinstanzen wie etwa den Obersten Gerichtshof in seinem Sinne umzugestalten oder zu umgehen. Anders als sein linkspopulistischer Kollege Hugo Chávez im Nachbarland Venezuela scheiterte er jedoch bei diesem Versuch und musste schließlich nach einer Entscheidung des Verfassungsgerichts sogar sein Projekt einer zweiten Wiederwahl fallen lassen.

In der Sphäre des politischen Diskurses traten die autoritären Züge der Präsidentschaft Uribes schließlich besonders deutlich zu Tage. So ging das Heraufbeschwören eines allgemeinen Klimas der Angst und des Misstrauens Hand in Hand mit der zunehmenden Militarisierung der Gesellschaft, illegalen Polizeiaktionen, außergerichtlichen Hinrichtungen, der Aufstellung von Bürgerwehren, der Ermunterung zum Denunziantentum, der Kooperation von Armee und Paramilitärs sowie der Verfolgung von „Subversiven". Gegenüber der parlamentarischen Opposition sowie kritischen NGOs und Menschenrechtsaktivisten äußerte sich Uribe ebenfalls herablassend und respektlos. In einigen Fällen setzte er Kritiker seiner Amtsführung sogar mit „Terrorhelfern" gleich und rückte sie in die Nähe der FARC (vgl. Amnistía Internacional 2011). Im von Straflosigkeit und politischen Morden geprägten Klima Kolumbiens war eine solche Rhetorik nicht gerade ungefährlich. Dennoch wurde Neutralität im politischen Diskurs unter Uribe immer weniger geduldet. Die den politischen Eliten ergebenen Massenmedien und andere Träger der öffentlichen Meinung trugen vielmehr dazu bei, dass jede tiefergehende Kritik am Uribismus und an der Politik der „Demokratischen Sicherheit" sogleich als „Angriff auf die Nation" gewertet wurde (vgl. Rangel Suárez/Medellín Torres 2010: 196ff.). Kritische Intellektuelle, Menschenrechtsaktivisten oder oppositionelle Politiker wurden somit leichtfertig zu Vaterlandsverrätern abgestempelt. Die von Uribe vorangetriebene Perpetuierung derartiger Freund/Feind-Schemata sowie die soziale, ökonomische und zunehmend auch ideologische Spaltung der kolumbianischen Gesellschaft stellen vielleicht den negativsten Aspekt seiner Präsidentschaft dar.

3. Das erste Jahr der Regierung Santos: Beginn einer neuen Ära?

Zu Beginn seiner Präsidentschaft versprach Juan Manuel Santos, dass er im Gegensatz zu Uribe nicht nur die innere Sicherheit im Auge behalten, sondern auch die drängenden sozialen Probleme des Landes angehen werde. In diesem Sinne gab er das Motto aus, von der „Demokratischen Sicherheit" zum „Demokratischen Wohlstand" (*prosperidad democrática*) gelangen zu wollen. Neben der Bekämpfung von Armut, Arbeitslosigkeit, Korruption und sozialer Ungleichheit schrieb sich Santos auch den Abbau der extremen regionalen Disparitäten auf die Fahnen. Zwar werde er weiterhin mit aller Kraft gegen die FARC, die BACRIM und die Drogenhändler kämpfen – somit das Erbe Uribes fortführen – dabei jedoch soziale Aspekte und die Einhaltung der Menschenrechte beachten (vgl. Santos 2010).

Dass Santos im Bereich der inneren Sicherheit tatsächlich an die Erfolge Uribes anknüpfen könnte, zeigte sich bereits im ersten Jahr seiner Regierung. Denn die bereits erwähnte Tötung des Rebellenchefs Alfonso Cano kann ohne Zweifel als schwerster Schlag gegen die Guerilla seit 1964 gelten. Ob Santos jedoch auch die sozialen und politischen Ursachen des Konfliktes beseitigen kann, scheint hingegen eher zweifelhaft.[5] An den düsteren Fundamentaldaten in Bezug auf Soziales, Bildung, Gesundheit, Einkommensungleichverteilung, Arbeitslosigkeit etc. hat sich bislang kaum etwas geändert, obwohl das gute Wirtschaftswachstum Kolumbiens, dessen BIP sich seit Beginn des Jahrtausends konstant um 4-5% bewegt, auch unter Santos anhält. Eine detaillierte Bewertung von Santos' Politik muss angesichts seiner erst einjährigen Amtszeit jedoch zukünftigen Studien vorbehalten bleiben.

Einige Faktoren, die Anlass zur Hoffnung geben, sind allerdings bereits jetzt sichtbar. An erster Stelle wäre hier zu erwähnen, dass Santos im Gegensatz zu Uribe im politischen Diskurs versöhnliche Töne anschlägt, und zwar sowohl in der Innen- wie in der Außenpolitik. Gegenüber den bewaffneten illegalen Gruppen ist er etwa bereit, auf Friedensverhandlungen einzugehen, sofern diese die Menschenrechte achten und einem Waffenstillstand zustimmen. Selbst der von Uribe bekannte Triumphalismus hielt sich bei Santos nach dem Bekanntwerden des Todes des obersten FARC-Führers in Grenzen. So scheint Santos im Allgemeinen den aggressiven und dualistischen Diskurs Uribes, in dem oft nur zwischen „Vaterlandsverrätern" und „guten Kolumbianern" unterschieden wurde, abzulehnen. Im Bereich der Außenpolitik gelang es ihm weiterhin, die zeitweise sehr angespannten Beziehungen zu den linkspopulistischen Regierungen in Ecuador und Venezuela – von Uribe noch als Unterstützer des „Narco-Terrorismus" angeprangert – wieder

---

5 Anmerkung der Herausgeberinnen: Da dieser Beitrag 2011 verfasst wurde, sind die Aussagen zu Santos' erster Präsidentschaft zwangsläufig lediglich als erste Einschätzungen formuliert.

zu normalisieren. Außerdem schaffte er die vollkommen durch die Skandale der *parapolítica* und der *chuzadas* diskreditierte Behörde DAS am 31. Oktober 2011 ab. Ebenfalls sehr zum Missfallen seines Amtsvorgängers unterstützte Santos schließlich die *Ley de Víctimas y de Restitución de Tierras*. Es verwundert daher kaum, dass Santos – gemäß einer Umfrage des *Centro Nacional de Consultoría* – im November 2011 ebenso hohe Popularitätswerte wie Uribe während seiner ersten Amtszeit erreichte. Mit einer Zustimmungsquote von 83% dürfte Santos zu diesem Zeitpunkt wohl der populärste Präsident Lateinamerikas gewesen sein (vgl. *El Tiempo* 08.11.2011).[6]

Dass sich der Widerstand gegen die massive Korruption, den Autoritarismus, die systematischen Menschenrechtsverletzungen und die neoliberale Wirtschaftspolitik unter Uribe auch in der Herausbildung neuer politischer Parteien niederschlagen könnte, deutet sich schließlich mit dem Wahlsieg des linken Politikers Gustavo Petro in der Hauptstadt Bogotá an. Dass ausgerechnet ein Ex-Mitglied der 1990 demobilisierten M-19-Guerilla sowie ein ausgesprochener Kritiker Uribes das zweitwichtigste Amt des Landes, nämlich den Bürgermeisterposten in Bogotá, erobern könnte, hätten kurz vor den Regionalwahlen im Oktober 2011 nur die wenigsten Kolumbianer geglaubt. Dass die Wahl dann auf den bis dato integren und ohne „parapolitische" Unterstützung auskommenden Petro fiel, macht Hoffnung für die Zukunft der Demokratie in Kolumbien. Was aus Petros neu gegründeter Bewegung der *Progresistas* wird, ist aber noch nicht absehbar. Wenn es den Kräften der Rechten und der Linken gelingt, das den Staat und die Gesellschaft schädigende autoritäre Erbe der vergangenen Jahre zu überwinden, dabei jedoch auch die innere Sicherheit zu gewährleisten, wird sich Kolumbien möglicherweise schnell von den Folgen des Uribismus erholen.

Quellen

Amnistía Internacional (2011): *Informe anual 2011. El estado de los derechos humanos en el mundo: Colombia.* Online in Internet: URL: http://files.amnesty.org/air11/air_2011_full_es.pdf. Abrufdatum: 12.11.2011.

CAJAR (2011): *Extradición de jefes paramilitares favoreció la impunidad.* Online in Internet: URL: http://www.colectivodeabogados.org/Extradi cion-de-jefes-paramilitares. Abrufdatum: 12.11.2011.

CNRR (2007): *Disidentes, rearmados y emergentes: ¿bandas criminales o tercera generación paramilitar?* Online in Internet: URL: http://www.oim.

---

6   Bei derartigen Erhebungen ist allerdings darauf hinzuweisen, dass sie höchstens eine Art Makrotrend wiedergeben, da sie meist per Telefon in den urbanen Zentren des Landes durchgeführt werden. Da jedoch Millionen von Kolumbianern in den urbanen Peripherien und auf dem Land über keinen Telefonanschluss verfügen, spiegeln diese Umfragen vor allem die Meinung der Mittel- und Oberschicht wider.

org.co/publicaciones-oim/reconciliacion-y-reintegracion/1478-disidentes-rearmados-y-emergentes-bandas-criminales-o-tercera-generacion-paramilitar.html. Abrufdatum: 04.11.2015.

Congreso de la República (2011): *Ley 1448 de 2011*. Online in Internet: URL: http://www.secretariasenado.gov.co/senado/basedoc/ley_1448_2011.html. Abrufdatum: 04.11.2015.

De Lombaerde, Phillippe/Garay, Luis Jorge (2009): *La economía política de la integración regional. El caso de Colombia*. UNU-CRIS Working Papers. Online in Internet: URL: http://www.iadb.org/intal/intalcdi/PE/2009/04323.pdf. Abrufdatum: 12.11.2011.

Hernández Angarita, Orlando (2011): *Comportamiento del secuestro en Colombia*. Online in Internet: URL: https://carris.files.wordpress.com/2011/03/comportamiento-del-secuestro-en-colombia-durante-el-mes-de-enero-de-2011.pdf. Abrufdatum: 12.11.2011.

Hoffmann, Karl-Dieter (2009): „Regierung kontra Kartelle: Der Drogenkrieg in Mexiko". In: *Internationale Politik und Gesellschaft* 2, 56-77.

Human Rights Watch (2005): *Las aparencias engañan. La desmovilización de grupos paramilitares en Colombia*. Online in Internet: URL: http://estaticos.elmundo.es/documentos/2003/04/guerras_olvidadas/colombia_hrw2005.pdf. Abrufdatum: 12.11.2011.

– (2010): *Herederos de los paramilitares. La nueva cara de la violencia en Colombia*. Online in Internet: URL: http://www.hrw.org/sites/default/files/reports/colombia0210spwebwcover_0.pdf. Abrufdatum: 12.11.2011.

König, Hans-Joachim/Schuster, Sven (2010): „Das politische System Kolumbiens". In: Stüwe, Klaus/Rinke, Stefan [Hgg.]: *Die politischen Systeme in Nord- und Lateinamerika*. Bonn: bpb, 341-361.

Leech, Garry (2011): *The FARC: The Longest Insurgency*. London: Zed Books.

Otero Prada, Diego (2007): *Las cifras del conflicto colombiano*. Bogotá: INDEPAZ.

Pizarro Leongómez, Eduardo (2004): *Una democracia asediada. Balance y perspectivas del conflicto armado en Colombia*. Bogotá: Norma.

Rangel Súarez, Alfredo/Medellín Torres, Pedro (2010): *Política de seguridad democrática*. Bogotá: Norma.

Rincón, Omar (1997): „Introducción". In: Rincón, Omar et al. [Hgg.]: *Opinión pública: encuestas y medios de comunicación. El caso del 8.000*. Bogotá: FESCOL, 15-18.

Salgado Ruiz, Henry (2002): „Plan Colombia, respuesta militar a una problemática social". In: Estrada Álvarez, Jairo [Hg.]: *El Plan Colombia y la intensificación de la guerra. Aspectos globales y locales*, Bogotá: Universidad Nacional de Colombia, 477-497.

Santos, Juan Manuel (2010): *Buen gobierno para la prosperidad democrática*. Online in Internet: URL: http://www.mineducacion.gov.co/1621/artic les-243986_archivo_pdf_109iniciativas.pdf. Abrufdatum: 04.11.2015.

Schuster, Sven (2009): *Die „Violencia" in Kolumbien: Verbotene Erinnerung? Der Bürgerkrieg in Politik und Gesellschaft, 1948-2008*. Stuttgart: Heinz.

–   (2010): „Frieden im Krieg? Kolumbien und die Mär vom Postkonflikt". In: *WeltTrends – Zeitschrift für Internationale Politik* 73, 11-16.

UNDP (2011): *Human Development Report 2011 (Summary)*. Online in Internet: URL: http://hdr.undp.org/sites/default/files/hdr_2011_en_sum mary.pdf. Abrufdatum: 04.11.2015.

–   (2015): *Human Development Report 1990-2014*. Online in Internet: URL: http://hdr.undp.org/en/global-reports. Abrufdatum: 04.11.2015.

UNHCR (2011): *Situación Colombia: Panorama regional*. Online in Internet: URL: http://www.acnur.org/t3/fileadmin/scripts/doc.php?file=t3/ fileadmin/Documentos/RefugiadosAmericas/Colombia/Situacion_Co lombia_-_Panorama_regional_-_2011. Abrufdatum: 04.11.2015.

Valenzuela, Pablo Alberto (2010): *La Colombia de Juan Manuel Santos: Más cerca de Lagos que de Piñera*. Online in Internet: URL: https://pavalenz.wordpress.com/2010/09/10/la-colombia-de-juan-manuel-santos-mas-cerca-de-lagos-que-de-pinera/. Abrufdatum: 04.11.2015.

Weltbank (2011): *Datenblatt Kolumbien – Datos Colombia*. Online in Internet: URL: http://datos.bancomundial.org/pais/colombia. Abrufdatum: 12.11.2011.

Zelik, Raul (2009): *Die kolumbianischen Paramilitärs. „Regieren ohne Staat?" oder terroristische Formen der Inneren Sicherheit*. Münster: Westfälisches Dampfboot.

Zeitungsartikel online

El Espectador (04.05.2011): „Santos reconoce conflicto armado y Uribe lo controvierte". Online in Internet: URL: http://www.elespectador.com/ noticias/politica/santos-reconoce-conflicto-armado-y-uribe-controvierte-articulo-26742. Abrufdatum: 04.11.2015.

–   (05.05.2011): „Uribe pide al Gobierno rectificar posición frente al conflicto armado". Online in Internet: URL: http://www.elespectador.com/

noticias/politica/uribe-pide-al-gobierno-rectificar-posicion-frente-al-co-articulo-267495. Abrufdatum: 04.11.2015.

- (21.08.2011): „Uribe en versión libre". Online in Internet: URL: http://www.elespectador.com/noticias/politica/uribe-version-libre-ima gen-293382. Abrufdatum: 04.11.2015.

- (14.09.2011): „Condenan a Jorge Noguera". Online in Internet: URL: http://www.elespectador.com/noticias/temadeldia/condenan-jorge-no guera-articulo-299404. Abrufdatum: 04.11.2015.

El Tiempo (09.05.2011): „Álvaro Uribe pidió no ‚nivelar' a Fuerzas Armadas con terroristas". Online in Internet: URL: http://www.eltiempo.com/ archivo/documento/CMS-9315541 Abrufdatum: 04.11.2015.

- (15.05.2011): „‚No se necesita reconocer terroristas para evitar ir a cárcel': Uribe". Online in Internet: URL: http://www.eltiempo.com/archivo/ documento/CMS-9356704. Abrufdatum: 04.11.2015.

- (30.10.2011): „Plan ‚parapolítico' para intervenir en los comicios". Online in Internet: URL: http://www.eltiempo.com/archivo/documento/ MAM-4930161. Abrufdatum: 04.11.2015.

- (08.11.2011): „Aprobación de Santos, en 83%". Online in Internet: URL: http://www.eltiempo.com/archivo/documento/MAM-4952598. Abrufdatum: 04.11.2015.

Revista Semana (07.05.2011): „La grieta ideológica". Online in Internet: URL: http://www.semana.com/nacion/articulo/la-grieta-ideologica/239407-3. Abrufdatum: 04.11.2015.

- (25.09.2011): „Tierra concentrada, modelo fracasado". Online in Internet: URL: http://www.semana.com/nacion/articulo/tierra-concentrada-modelo-fracasado/247010-3. Abrufdatum: 04.11.2015.

- (08.11.2011): „Las FARC después de Alfonso Cano". Online in Internet: URL. http://www.semana.com/opinion/articulo/las-farc-despues-alfonso-cano/249092-3. Abrufdatum: 04.11.2015.

ŽELJKO CRNČIĆ
(Bonn)

Der Beitrag der Zivilgesellschaft zur Konfliktlösung in Kolumbien: Friedensinitiativen inmitten des Krieges

Resumen

El presente artículo describe la situación conflictiva en Colombia y enfoca posibles mecanismos de una solución pacífica. En un primer paso resume los resultados de las investigaciones sobre conflictos y la paz. Pone énfasis en soluciones alcanzadas por iniciativas de la sociedad civil y grupos no armados. En un segundo paso describe iniciativas de paz en Colombia como son las de las comunidades de paz en San José de Apartadó o zonas humanitarias en el departamento del Chocó. Destaca la difícil posición de las iniciativas de paz entre los actores armados pero también su propuesta para una paz duradera.

1. Einleitung

Der folgende Artikel beschäftigt sich mit Friedensinitiativen in Kolumbien. Er hat einen deutlich explorativen Charakter und stellt einen Versuch dar, die Beschäftigung mit dem Thema in einen ersten theoretischen Rahmen einzuordnen. Darüber hinaus sollen die Friedensinitiativen über das Milieu der NGOs und Solidaritätsgruppen einem breiteren Publikum nahegebracht werden.

2. Die Forschung vom Frieden

Die Phänomene von Krieg und Frieden wurden und werden in verschiedenen Subdisziplinen bearbeitet. Diese nennen sich – je nach Standpunkt – Friedensforschung, Friedens- und Konfliktforschung, Konfliktforschung oder Friedenswissenschaft[1] (vgl. Bonacker 2011: 46).

Im Folgenden soll der Begriff Friedens- und Konfliktforschung benutzt werden, denn Staaten und Gesellschaften sind generell von Konflikten und Krisen betroffen (vgl. Bonacker 2011: 47). Die Anfänge der Friedens- und Konfliktforschung liegen in der Friedensbewegung des 19. Jahrhunderts. In dieser Zeit wurde die Beschäftigung von verschiedenen philanthropischen Stiftungen gefördert. In den 50er und 60er Jahren des 20. Jahrhunderts entstand als Reaktion auf den Kalten Krieg und die damit einhergehende Drohkulisse der gegenseitigen Vernichtung die Friedens- und Konfliktforschung (vgl.

---

1   Dieser Begriff ist stark normativ. Er bezieht sich auf alle wissenschaftlichen Disziplinen, die gewaltförmige Strukturen und Handlungen abbauen (vgl. Bonacker 2011: 47).

Meyers 2011: 27). Dieser Forschungszweig war darüber hinaus eine Antwort auf die *strategic studies* und den Realismus[2] (vgl. Bonacker 2011: 49f.). Die Maxime dieser Forschungsrichtung war in Anlehnung an Karl W. Deutsch, dass der Abschaffung des Krieges das Verständnis über denselben vorausgehen musste (vgl. Schlotter/Wisotzki 2011: 10). Die ersten Vertreter in dieser Zeit sind Levis Fry Richardson, Pitirim Alexandrowitsch Sorokin und Quincy Wright. Die beiden Ersteren beschäftigten sich auf statistischer Basis mit Konflikten und Kriegen, der Letztere wurde durch seine Arbeit *A Study of War*, die bereits 1942 entstanden war, zum Referenzpunkt vieler weiterer Arbeiten (vgl. Bonacker 2011: 50).

Kritisch wurden diese Ansätze aufgrund ihres negativen Friedensbegriffs betrachtet, Frieden war demnach die Abwesenheit von Krieg und das Ziel war eine Kontrolle kriegerischer Handlungen zwischen Staaten. Entsprechend wurden diese Ansätze auch als „Befriedungswissenschaft" bezeichnet. Sie trügen lediglich zur Stabilisierung herrschender Verhältnisse bei (vgl. Bonacker 2011: 55; Gießmann/Rinke 2011: 13f.; Schlotter/Wisotzki 2011: 18ff.). Die sozial-technologische Ausrichtung der Strömung wurde negativ hervorgehoben und ihre positivistische Wissenschaftsauffassung beanstandet (vgl. Bonacker 2011; Jaberg 2011).

Der „traditionellen" Friedensforschung sollte aus diesem Grund eine „kritische" Richtung entgegengestellt werden, die emanzipatorisch ausgerichtet war und den Weltfrieden zum Ziel hatte (vgl. Bonacker 2011; Jaberg 2011; Schlotter/Wisotzki 2011). Diese nahm eine herrschafts- und entwicklungssoziologische Perspektive ein und zielte bei der Erklärung von Konflikten auf einen breiteren gesellschaftlichen Kontext sowie auf eine Ursachenforschung ab (vgl. Bonacker 2011: 51). Wichtigster Vertreter war Johann Galtung mit dem von ihm geprägten Begriff der „strukturellen Gewalt"[3] (zit. nach Bonacker 2011: 55). Weiteres Charakteristikum war sein Friedensbegriff, der einem „negativen" Frieden, also der Abwesenheit personaler Gewalt, einen „positiven" Frieden, also die Anwesenheit sozialer Gerechtigkeit, gegenüberstellte[4] (vgl. Jaberg 2011: 63).

Die Friedensforschung in Deutschland beschäftigt sich seit etwa 50 Jahren mit den Ursachen von Krieg und den Mechanismen zur Friedenskonsolidierung. Zunächst war sie als Reaktion auf den Zweiten Weltkrieg und den sich anschließenden Ost-West-Konflikt entstanden. Mit wissenschaftlichen Mit-

---

2   Die postulierte Unausweichlichkeit von zwischenstaatlichen Kriegen wurde in Frage gestellt (vgl. Bonacker 2011: 50).

3   Galtung unterscheidet zwischen personeller und struktureller Gewalt sowie zwischen latenter und manifester Gewalt (vgl. Bonacker 2011: 54).

4   Später erweitert Galtung sein Konzept um die kulturelle Komponente. Er fragt nach den symbolischen Dimensionen, die die strukturelle Gewalt eindämmen und den Frieden fördern können (vgl. Jaberg 2011: 63).

teln sollte der Krieg verhindert und der Frieden geschaffen werden (vgl. Schlotter/Wisotzki 2011: 12). Im Jahre 1957 sprachen sich die „Göttinger Achtzehn" gegen eine nukleare Bewaffnung der Bundeswehr aus und leiteten eine Entwicklung ein, die 1968 zur Gründung der AFK (Arbeitsgemeinschaft für Friedens- und Konfliktforschung) in Bonn, des IFSH (Institut für Friedensforschung und Sicherheitspolitik) sowie der HSFK (Hessische Stiftung Friedens- und Konfliktforschung) in Frankfurt am Main führte. Dies im Kontext einer Dominanz neomarxistischer und kapitalismuskritischer Theorien, die diese Entwicklungen förderten. Sie war also „ein Kind des Zweiten Weltkrieges" und hatte eine klar politische Ausrichtung (Schlotter/Wisotzki 2011: 13). Wichtigstes Anliegen war die Entspannungspolitik zwischen den Blöcken, Hauptmotivatoren waren die sozialliberale Koalition und Bundespräsident Heinemann (vgl. Schlotter/Wisotzki 2011: 13f.).

Die 1980er Jahre zeichneten sich dann durch eine Krise des Wissenschaftszweiges aus. Da er von außen politisiert war, kam es zu entsprechend motivierten Auseinandersetzungen, die mit der Parteienkonkurrenz zusammenhingen. Es kam in der Folge zu einem Konflikt zwischen der schwarz-gelben Bundesregierung und von oppositionellen Ländern geförderten Friedensforschungsinstituten. Die konservative Regierung löste die DGFK (Deutsche Gesellschaft für Friedens- und Konfliktforschung) auf. Diese sollte, neben den traditionellen Forschungsinstitutionen, Friedenspolitik fördern (vgl. Schlotter/Wisotzki 2011: 14).

In dieser Phase wurde die normative Ausrichtung des Wissenschaftszweiges graduell aufgehoben und die kritische Grundtendenz relativiert (vgl. Schlotter/Wisotzki 2011: 15). Einzelstudien sowie politikbegleitende und beratende Ansätze verdrängten die teilweise versiegenden Theoriedebatten (vgl. Bonacker 2011: 60ff.; Schlotter/Wisotzki 2011: 15f.). Der Anspruch, durch eine Großtheorie allumfassende gesellschaftliche Prozesse zu erklären, wurde aufgegeben (vgl. Schlotter/Wisotzki 2011: 15). Systemkritische Tendenzen befanden sich allgemein auf dem Rückzug.

Die Verknüpfung der Begriffe Frieden und Gerechtigkeit, wie sie die kritische Friedensforschung postuliert hatte, wurde in Frage gestellt. Ebenfalls wurde beanstandet, dass sich die Friedensforschung über einen politischen Begriff und nicht über die Bestimmung eines Gegenstandsbereiches konstituiert (vgl. Bonacker 2011: 57).

Vor allem seit den 1990er Jahren hat der Zweig mit der Etablierung der Konfliktforschung an einigen Universitäten einen Professionalisierungsschub erhalten (vgl. Schlotter/Wisotzki 2011: 11). So werden Fragen von Konflikten im Zusammenhang mit Demokratie ebenso bearbeitet wie das Phänomen der Unterentwicklung, des Militärs und institutioneller Lösungsstrategien[5] (vgl. ebd.).

---

5   Siehe hierzu u. a. Brühl (2011: 225ff.).

Auch die zivile Konfliktbearbeitung spielt eine gewisse Rolle. Aber grundsätzlich geht es vor allem um die Entwicklung von Theorien mittlerer Reichweite, ein allumfassender Erklärungsanspruch, wie ehedem postuliert, ist partikulären Problemlösungsansätzen gewichen (vgl. Schlotter/Wisotzki 2011: 18).

Nach dem Ende des Ost-West-Konfliktes rückten zunehmend Antagonismen in anderen Weltgegenden in den Fokus der Konfliktforscher (Zinecker 2011). Die Beendigung des weltweit größten und bedrohlichsten Konfliktes führte nämlich keineswegs zu einer allgemeinen Befriedung, sondern zu einer Fragmentierung und ansteigenden Komplexität der existierenden Konflikte (Gießmann/Rinke 2011: 12; Helfrich/Kurtenbach 2006: 4ff.). Zudem begannen sich europäische und US-Forscher vor allem nach dem 11. September 2001 zunehmend mit sogenannten gescheiterten Staaten und „Räumen begrenzter Staatlichkeit" zu befassen (Schlichte 2011: 89; Zelik 2010). Die Grundannahmen der Friedensforscher gerieten durch die Beendigung dieses Konfliktes ins Wanken (vgl. Bonacker 2011: 51). Das „Schlachtfeld zweiter Ordnung", die sogenannte Dritte Welt, geriet nach der Beendigung des Kalten Krieges stärker in den Fokus der Forschung, war sie doch vorher weniger beachtet worden (Zinecker 2011: 143).

Zusätzlich zeichnete sich eine höhere Nachfrage nach Politikberatung[6] im Zusammenhang mit militärischer und nicht-militärischer Konfliktbewältigung, Gewaltprävention und der Etablierung von Nachkriegsordnungen ab (vgl. Schlotter/Wisotzki 2011: 17). Die Forschungsanstrengungen rückten von „der Forschung für den Frieden" ab und widmeten sich der Forschung „über den Frieden" (Bonacker 2011: 48). In diesem Zusammenhang wurde die Unterstützung eines politischen Projektes seitens der kritischen Friedensforschung beanstandet. Ihm wurde eine stärker beobachtende Position entgegen gestellt (vgl. Bonacker 2011: 63).

Die allgemeine Erklärung von Konflikten wich einem „Flickenteppich" mittelfristiger Theoriemodelle und Teilstrategien, die Theorien anleiten sollten (vgl. Zinecker 2011: 139). Die wichtigsten Ansätze bildeten hierbei die Theorie des demokratischen Friedens[7] (vgl. Geis/Wolff 2011: 112ff.). Ein weiterer Ansatz waren die Paradigmen der Zivilisierungstheorie (vgl. Bonacker 2011: 52). Auch wurden postpositivistische und konstruktivistische Ansätze aus der Soziologie und den Kulturwissenschaften aufgegriffen (vgl. ebd.). Diese besagten, dass Konflikte kommunikative Ereignisse seien und ihre

---

6   Bereits in den 1980er Jahren waren die Friedensforscher zum Teil zu Experten im Ost-West-Konflikt avanciert. Diese Entwicklung setzte sich nun fort (vgl. Schlotter/Wisotzki 2011: 17).

7   Dieses Modell besagt, dass Demokratien untereinander keine Kriege führen. Kritisch wurde ihm u. a. entgegengehalten, dass dies im Zusammentreffen mit demokratischen und nicht-demokratischen Systemen nicht gilt. Auch wurde ihm eine affirmative Haltung der bestehenden Ordnung gegenüber angelastet (vgl. Jaberg 2011: 64).

Einordnung über die Untersuchung der Konstruktion von Diskursen der am Konflikt Beteiligten erfolgen müsse (vgl. Bonacker 2011: 59f.). Die unterschiedliche Ausrichtung innerhalb der Fachrichtung lässt sich auch an den verschiedenen Orientierungen der Institute ablesen. So wird in Hamburg (IFSH) der Frieden im Zusammenhang mit der Sicherheitspolitik betont, in Frankfurt am Main (HSFK) werden die Ursachen von Konflikten und ihre Einhegung herausgestellt und in Duisburg (INEF) wird Frieden in den Zusammenhang mit Entwicklung gebracht (vgl. Jaberg 2011: 56).

Zusammenfassend lässt sich also über den aktuellen Charakter der Forschungsrichtung konstatieren:

> Ohne den Begriff des „Generationenwechsels" [...] überstrapazieren zu wollen, so weist jedenfalls die jüngere deutschsprachige Friedens- und Konfliktforschung insgesamt eine stärkere empirisch-analytische Ausrichtung sowie eine deutliche Tendenz zur Pluralisierung und Differenzierung der theoretischen und methodologischen Ansätze auf (Schlotter/Wisotzki 2011: 23).

Es ist festzuhalten, dass der Begriff „Krieg" in den letzten Jahren in den internationalen Diskussionen einen viel höheren Stellenwert besitzt als der Begriff „Frieden". Die Kriege im ehemaligen Jugoslawien sowie die Anschläge des 11. September haben diese Tendenz maßgeblich befördert (vgl. Meyers 2011: 21).

3. Zivile Friedensmaßnahmen

Die zivile[8] Konfliktbearbeitung (ZKB), wie sie im vorliegenden Fall von Interesse ist, steht für eine praktische und wissenschaftliche Beschäftigung mit der Einhegung und Prävention von Konflikten sowie den politischen, sozialen, kulturellen und wirtschaftlichen Kontextbedingungen, die den Frieden innerhalb und zwischen Gesellschaften befördern (vgl. Debiel/Niemann/ Schrader 2011: 313). Die Forschungsrichtung entstand am Anfang der 1990er Jahre im Zuge der Kriege im ehemaligen Jugoslawien, der gescheiterten Intervention in Somalia und dem Völkermord in Ruanda als wissenschaftliche und praktische Suchbewegung in Reaktion auf die neuen Entwicklungen nach Beendigung des Kalten Krieges. Zunächst standen ethno-nationalistische Konflikte im Fokus, die von der Beschäftigung mit der Ökonomisierung lang anhaltender Konflikte abgelöst wurden. In der letzten Phase stand, nach dem Abschluss verschiedener Friedensabkommen, die Friedenskonsolidierung im Vordergrund (vgl. Debiel/Niemann/Schrader 2011: 315 ff).

Die ZKB beschäftigt sich mit der Transformation von Konfliktmustern, dies in Abgrenzung zur „klassischen" Friedensforschung der vorhergehenden Dekaden (vgl. Debiel/Niemann/Schrader 2011: 320). Sie müsste systemati-

---

8   Zivil steht in diesem Zusammenhang für nicht-militärisch und für gewaltlosen Widerstand (vgl. Debiel/Niemann/Schrader 2011: 313).

siert werden, denn sie ist über Einzelfallstudien nicht hinaus gekommen (vgl. Schlotter/Wisotzki 2011: 39). Die untersuchten Einzelfälle wurden immer auch unter praktischen Gesichtspunkten erforscht, theoretische Annahmen wurden lediglich implizit vorgenommen, die Eingebundenheit in praktische Zusammenhänge wurde zu wenig reflektiert (vgl. Debiel/Niemann/Schrader 2011: 327). Einzelne Konzepte wurden erarbeitet und erprobt, methodologische und normative Fragen blieben jedoch außen vor (vgl. Debiel/Niemann/Schrader 2011: 312).

Die Beschäftigung mit der zivilen Konfliktbearbeitung könnte Teil einer Forschungsrichtung sein, die sozialen und politischen Wandel innerhalb von Kriegen bearbeitet und die aktuell an ihren Anfängen steht (vgl. Schlichte 2011: 101f). Ihr großer Vorteil ist die Praxisbezogenheit (vgl. Debiel/Niemann/Schrader 2011: 313).

4. Das Beispiel Kolumbien

Über Jahrzehnte hinweg stand Kolumbien im Fokus der Konfliktforschung, da sich hier exemplarisch Charakteristika von Gewaltmärkten, scheiternder Staaten sowie der „neuen Kriege" beobachten lassen (vgl. Helfrich/Kurtenbach 2006: 4). Während es darüber hinaus gemeinhin als Drogenproduzent und Brennpunkt kriegerischer Gewalt gilt, weisen einige Beobachter auch auf seinen ungleich verteilten Reichtum und die damit einhergehenden politischen und sozialen Verwerfungen hin (vgl. Azzellini 2002; Zelik 2000). Andererseits wurde in der Literatur immer wieder die lange Tradition demokratischer Wahlen[9] und die – bis auf eine kurze Zeitperiode in den 1950er Jahren – Nichteinmischung der Militärs hervorgehoben (vgl. Helfrich/Kurtenbach 2006: 8ff.). Dies ist eine Ausnahme von der lateinamerikanischen Regel, denn sowohl das benachbarte Zentralamerika als auch die südlicher gelegenen Staaten – u. a. die Staaten des *Cono Sur* – sahen sich im 20. Jahrhundert immer wieder mit Militärdiktaturen konfrontiert. Das Land an der Nordwestspitze des Subkontinentes erlebte zwischen 1958 und 2010 eine Serie von Wahlen, und es verfügt über eine – zumindest teilweise freie – Judikative.

Gleichzeitig wird das Land seit Jahrzehnten von einem intensiven Gewaltkonflikt erschüttert, der nach unterschiedlicher Darstellung die periodische Wiederkehr einer Gewaltwelle bildet oder eine Reihe voneinander unabhängiger kriegerischer Auseinandersetzungen um Ressourcen wie Land, Erdöl, Diamanten oder die Produktion von Drogen darstellt. Auch ist Kolumbien die Heimat der „dienstältesten" Guerilla-Gruppen, der 1964 gegründeten FARC (*Fuerzas Armadas Revolucionarias de Colombia*) sowie des ELN (*Ejército de Liberación Nacional*), das 1965 entstand. In den letzten Jahren

---

9   Hier vor allem eine Minimalversion von Demokratie in Abgrenzung zu den Militärregimen (vgl. Helfrich/Kurtenbach 2006: 8).

wurde die Guerilla zwar bedeutend geschwächt, ein rein militärischer Sieg ihrer Gegner zeichnet sich jedoch trotz der Tötung wichtiger Anführer in den letzten Jahren nicht ab.

Die FARC war seinerzeit angetreten, um die gravierenden sozialen Disparitäten im Land zu bekämpfen. Einer schmalen Oligarchie standen und stehen bis heute eine große Zahl verarmter Bauern, aber auch Stadtbewohner gegenüber. So lebten z. B. 2002 55% der Bevölkerung in Armut und 20% in absolutem Elend (vgl. Azzellini 2002: 113). Für das folgende Jahr 2003 ergab sich ein ähnliches Bild. Das nationale statistische Institut bezifferte die Zahl der in Armut lebenden Bevölkerung auf 66,3% der Gesamtbevölkerung (vgl. Helfrich/Kurtenbach 2006: 14). Diese Sektoren sind sowohl ökonomisch als auch politisch durch die lang anhaltende *de facto* Zweiparteienherrschaft vom politischen Leben ausgeschlossen worden.[10] Die Aufstandsgruppen konnten in diesem Umfeld auf eine gewisse Resonanz zählen.

Das Land konstituiert sich als Gebilde verschiedener regionaler Eliten, die eigene politische Projekte vertreten. Dies führt zu einer Zweiteilung des Landes, die vor allem im „Krieg der tausend Tage" zwischen 1899 und 1902 sowie in der *Violencia* zwischen 1948 und 1957 sichtbar wurde (vgl. Hawkins 2008: 14). Der Staat hat vor allem in den ländlichen Konfliktzonen einen abstrakten Charakter, dem sich viele arme Menschen allenfalls ausgesetzt sehen, ohne sich mit ihm tatsächlich verbunden zu fühlen (vgl. Vargas 2011: 117). Er ist in ländlichen Gebieten schwach vertreten, das Militär ist hier eine der wenigen präsenten Institutionen (vgl. Hawkins 2008: 14).

Politisch einflussreiche Gruppen betonen die Rolle des Staates und versuchen, ihn zu legitimieren. Eine gesellschaftliche Verankerung streben sie jedoch nicht an (vgl. Vargas 2011: 118).

Die geographische Zersplitterung des Landes – Kolumbien wird von drei Gebirgszügen sowie von den Flüssen Cauca und Magdalena durchschnitten – ließ eine gesamt nationale Identität historisch nur sehr bedingt entstehen. Die unterschiedlichen Klimazonen haben eine zur Ausformung einer differenzierten kulturellen und sozialen Landschaft beigetragen, die bis zur Hälfte des letzten Jahrhunderts verkehrstechnisch kaum verbunden war (vgl. Zelik 2000: 9). Diese Situation begünstigte den Aufstieg von Caudillos, die sich später zur Bourgeoisie entwickelten (vgl. Vargas 2011: 118). In Kolumbien besteht zudem seit Dekaden eine Koexistenz von Ordnung und Gewalt (vgl. Vargas 2011: 121). So war über Jahrzehnte eine harsche Teilung in unterschiedliche Lebenswelten von Stadt- und Landbevölkerung sowie von Wohlhabenden und Benachteiligten zu beobachten (vgl. Vargas 2011: 122).

---

10 Dario Azzellini formuliert es sehr zugespitzt, indem er behauptet, dass die Überlebenschancen bei der Guerilla in den Bergen höher seien als in einem Stadtteilkomitee (vgl. Azzellini 2002: 112).

Einen ersten Versuch, die traditionellen Strukturen aufzubrechen, gab es mit der Verfassung von 1991, da sich das Land einer massiven Gewaltwelle gegenübersah. So wurde ein Bekenntnis zum Rechts- und Sozialstaat abgegeben, Grundrechte und die Rechte der Indigenen wurden gestärkt (vgl. Helfrich/Kurtenbach 2006: 10). Die Demokratisierung der Institutionen wurde jedoch nicht vorangetrieben. So besteht immer noch ein schwieriges Verhältnis zwischen Exekutive und Legislative, und eine Reform der Sicherheitsdienste steht ebenfalls aus (vgl. ebd.).

Die Verfassung von 1991 ist sehr fortschrittlich. Sie umfasst partizipative Formen und Reformen im Gerichtssystem, sie konnte jedoch kaum implementiert werden. So konnte bis 2011 keine territoriale Neuordnung durchgesetzt werden (vgl. Vargas 2011: 124).

Auf politischer Ebene leistete die Verfassung von 1991 der Schwächung des *Frente Nacional*[11] Vorschub. In den 1990er Jahren entstanden etwa 80 Parteien, was zum einen auf die neue Verfassung und zum anderen auf die Delegitimierung traditioneller politischer Gruppen zurückzuführen war (vgl. Vargas 2011: 124). Nutznießer dieser Entwicklungen waren immer wieder Personen von den politischen Rändern. Zugespitzt wurde formuliert, dass es *Outsider* im politischen System immer wieder schaffen, zu Einfluss zu gelangen. Der Erste war der linksgerichtete Camilo Torres, der letzte war der rechte Álvaro Uribe (vgl. Vargas 2011: 125).

So entstanden als Reaktion auf die schwindende Popularität der alt hergebrachten politischen Optionen neue Strömungen wie der rechtskonservative PU (*Partido de la U* oder *Partido Social de la Unidad*) sowie der sozialdemokratisch orientierte PDA (*Polo Democrático Alternativo*) (vgl. Vargas 2011: 126).

Die erste Dekade des neuen Jahrtausends war von Álvaro Uribe und seiner militarisierten Politik gegen die Guerilla geprägt. Vor allem in städtischen Zentren stieß die militärische Eskalation auf viel Zustimmung. Dies schlug sich auch in den Wahlen von 2010 nieder. Gewinner des Urnengangs waren der PU und die Grünen. Verlierer waren der PDA und *Cambio Radical*, eine Abspaltung der Liberalen (vgl. Vargas 2011: 128).

Juan Manuel Santos[12] erlangte bei den Präsidentschaftswahlen von 2010 die höchste Zahl von Stimmen, die ein Bewerber bei Wahlen in Kolumbien je bekommen hatte (vgl. Vargas 2011: 129). Santos praktizierte nach Amtsan-

---

11 Diese Regelung, die auf den Pakt von Sitges zurückging, teilte die politische Landschaft faktisch in zwei Lager, das der Konservativen und das der Liberalen. Andere Optionen wurden ausgeschlossen (vgl. Hawkins 2008: 15f.).

12 Als Verteidigungsminister unter Uribe gehört Juan Manuel Santos einer einflussreichen Familie an, die von 1934-1938 einen Präsidenten, in der Regierung Uribe den Vizepräsidenten stellte, sowie über ein Zeitungsimperium verfügt (vgl. Zelik 2010: 21).

tritt einen weniger konfrontativen Stil als sein Vorgänger Uribe und hat die Beziehungen zu den Nachbarn verbessert. Reparationen für die Kriegsopfer und die Rückgabe von Ländereien wurden während seiner Regierungszeit begonnen. Auch in Fragen der Sicherheit kann Santos Erfolge aufweisen (vgl. Vargas 2011: 130). Mono Jojoy, ein wichtiger Anführer der FARC, wurde in der Regierungszeit von Santos beispielsweise getötet (vgl. Vargas 2011: 131). Grundsätzlich ist in Fragen der Sicherheit und der Wirtschaft jedoch eine Kontinuität des Militarismus und des Neoliberalismus zu beobachten, kritisieren Beobachter (vgl. Vargas 2011: 132).

Die Politik des Präsidenten stieß zunächst auf viel Zustimmung. So hat Santos in Umfragen, die kurz nach seiner Wahl durchgeführt wurden, einen Zustimmungswert von 90% erreicht (vgl. Ramírez 2011: 92).

5. Friedensgemeinden. Ein Ausweg aus dem Krieg?

Kolumbien wird im Ausland vielfach in erster Linie mit dem bewaffneten Konflikt in Zusammenhang gebracht. Friedensinitiativen – zumal seitens ziviler Gruppen und Bewegungen – werden hingegen kaum wahrgenommen, obwohl es diesbezüglich seit Jahrzehnten Bemühungen gibt (vgl. Hörtner 2006).

Vor allem Anfang der 1990er Jahre – im Zuge der Verabschiedung der Verfassung von 1991 – kam es zu einem regelrechten Aufbruch zivilgesellschaftlicher Gruppen, die sich für eine friedliche Beilegung des Jahrzehnte andauernden Konfliktes einsetzten (vgl. Hörtner 2006). Ihnen waren Friedensverhandlungen zwischen Präsident Betancur und den FARC vorausgegangen (vgl. Zelik 2010). Die Friedensbemühungen der 1990er Jahre beschränkten sich auf die Verhandlungen zwischen Regierung und der Guerilla, andere Aspekte wurden als Folgen dieses Antagonismus aufgefasst (vgl. Helfrich/Kurtenbach 2006: 26).

Aber auch auf Ebene der Zivilgesellschaft wurden Versuche unternommen, den Konflikt zu beenden und eine höhere Partizipation der Bevölkerung zu gewährleisten. Diese können im Zusammenhang mit den Konzepten der zivilen Konfliktbewältigung als „Bottom-up-Ansätze" bezeichnet werden (vgl. Debiel/Niemann/Schrader 2011: 324). Es entstanden erste Initiativen in Mogotez und Tarzo, im Norden des Landes. In Mogotez wurde eine kommunale verfassunggebende Versammlung eingerichtet, um die Entwicklung der Gemeinde voranzubringen (vgl. Hörtner 2006).

In Zentralkolumbien, im Gebiet des Magdalena Medio, kann die 1996 gegründete ACVC (*Asociación Campesina del Valle del Río Cimitarra*) – eine Bauernorganisation mit 25.000 Mitgliedern – im Flusstal des Cimitarra genannt werden. Hier sind Bauern von ihren Höfen vertrieben worden und pochten mit Unterstützung der genannten Organisation auf ihre Rückkehr (vgl. Kolko 2007: 13-15). Im Jahre 1998 wurde nach Protesten in der Stadt

Barrancabermeja mit der damaligen Regierung Pastrana die Einrichtung einer bäuerlichen Schutzzone und die Aufarbeitung der an den Bauern begangenen Verbrechen vereinbart. Die bäuerlichen Schutzzonen, von denen es in Kolumbien zwischenzeitlich sieben gab, verbieten den Großgrundbesitz. Die Vertreibung von Kleinbauern zum Zwecke der Landnahme und anschließenden Konzentration lohnte sich deshalb nicht, so ihre Vertreter (vgl. Kolko 2007: 13). Allerdings wurde die bäuerliche Schutzzone im Jahre 2003 wieder aufgehoben, die Begründung war, dass sie zum Rückzugsgebiet der Guerilla geworden sei. Die ACVC hatte bis zum Jahre 2007 500 Tote zu beklagen und 20.000 Menschen wurden innerhalb und aus dem Gebiet vertrieben (vgl. Kolko 2007: 14).

Im Gebiet von Ura'ba wurde zunächst in der Gemeinde von Pontepiedra eine Friedensgemeinde eingerichtet. Der Staat blieb jedoch militärisch präsent, soziale Programme wurden nicht aufgelegt. De facto übernahmen wenig später die Paramilitärs die Kontrolle über den Ort (vgl. Zelik 2000: 17f.). Allerdings wurde die Idee[13] in anderen Gemeinden aufgenommen, so dass bis 2005 52 Friedensgemeinden[14] entstanden sind (vgl. Fischer 2006: 211). Ihre Mitglieder verpflichten sich, keine Waffen zu tragen, sich nicht in den bewaffneten Konflikt hineinziehen zu lassen und die Kriegsparteien weder mit Informationen oder logistisch zu unterstützen. Im Gegenzug erwarten sie, dass die Kriegsparteien ihren Status als Zivilisten, die nicht am Konflikt beteiligt sind, respektieren und sie nicht zur Kollaboration zwingen. Allerdings sind die Kriegsparteien diesem Wunsch nicht nachgekommen (vgl. Amnesty International 2008).

San José de Apartadó[15] liegt im fruchtbaren Departement Antioquia. Hier sind alle Kriegsparteien vertreten, die Armee, Guerillas und seit Mitte der 1990er Jahre auch die Paramilitärs (vgl. Chiari 2009). Die Region ist fruchtbar und bildet einen Korridor nach Panama und an die Pazifikküste, wichtig für den Drogenschmuggel (vgl. ebd.). San José befindet sich im Dreieck der Departements Antioquia, Córdoba und Chocó am Fuß des Abibe-Höhenzuges, der das Herzstück dieses Korridors darstellt (vgl. Zibechi 2011).

---

13   Historische Vorläufer sind die Wehrdörfer entlaufener Sklaven, die sogenannten *Palenques* oder *Quilombos*. Auch müssen hier die *Comunidades de Población en Resistencia* erwähnt werden, die im guatemaltekischen Bürgerkrieg entstanden (vgl. Kolko 2007: 20).

14   Die deutsche Organisation *kolko e. V.* mit Sitz in Berlin geht lediglich von 20 derartigen Gemeinden aus.

15   „Apartadó" bedeutet in der lokalen indigenen Sprache „Bananenfluss". Die Gegend wird von etwa 150.000 Menschen bevölkert, die nach 1948 vor der Verfolgung der Liberalen in die Gegend flohen. Der große Anteil von afro-kolumbianischen und indigenen Bewohnern erklärt sich möglicherweise aus diesem Umstand (vgl. Zibechi 2011).

Ein wichtiger Aspekt der Organisation in der Friedensgemeinde von San José de Apartadó ist die Nichteinmischung in den bewaffneten Konflikt, was auch die Nichtweitergabe von Informationen an die Kriegsparteien beinhaltet (vgl. Chiari 2009). Weitere Prinzipien der verschiedenen Friedensgemeinden sind z. T. der Verzicht auf den Alkoholkonsum, die Produktion für den eigenen Verbrauch und basisdemokratische Entscheidungsprozesse. Diese Charakteristika[16] variieren jedoch von Gemeinde zu Gemeinde und haben u. a. mit dem Spielraum zu tun, den die jeweilige Gemeinde den Kriegsparteien abtrotzen kann (vgl. Kolko 2007).

Die Friedensgemeinde von San José de Apartadó wurde 1997 von 500 vertriebenen Bauern[17] aus 17 Ortschaften gegründet, nachdem es im September 1996 und im Februar 1997 zu zwei Massakern[18] gekommen war und die betreffenden Bauern den urbanen Kern von San José de Apartadó verließen, um sich im Niemandsland neu anzusiedeln (vgl. Zibechi 2011). Sie wollten der Repression der Kriegsparteien die Neutralität entgegensetzen (vgl. Chiari 2009).

2009 gehörten der Gemeinde 1.500 Bauern an, die eigenes Land bewirtschafteten und nach drei Monaten Probezeit entschieden, ob sie in der Gemeinde bleiben wollten. Die Gemeinde exportiert Früchte, Marmeladen und andere Produkte nach Europa und wird von Fair-Trade-Organisationen unterstützt (vgl. Chiari 2009).

Die Entscheidungen werden von einem siebenköpfigen Rat getroffen, der in der Gemeinde gewählt wird. Es wird Gemeindearbeit geleistet, um den schulpflichtigen Kindern eine Mahlzeit anbieten zu können (vgl. Zibechi 2011).

Im Jahre 2004 wurde eine alternative Universität geschaffen. Außerdem bringen die Aktivisten aus der Gemeinde ähnliche Projekte weltweit zusammen (vgl. Chiari 2009).

Damit ist die Gemeinde zu einem Modell geworden, wie das Nullsummenspiel innerhalb bewaffneter Konflikte möglicherweise überwunden werden kann (vgl. Chiari 2009).

---

16 Im Gebiet der Nasa in Südwestkolumbien wurde 2001 beispielsweise eine indigene Wache eingeführt, eine symbolische Schutzmaßnahme, die durch die Präsenz der mit einem die Autorität symbolisierenden Stock die Sicherheit der Zone garantieren sollte (vgl. Kolko 2007: 21).

17 In den 1980er Jahren war die Zone von der *Unión Patriótica* beeinflusst, dem politischen Projekt der FARC. Die Armee sah die Bewohner deshalb als Sympathisanten der Guerilla an (vgl. Zibechi 2011).

18 Das Massaker von 1997 wurde von ehemaligen Mitgliedern des maoistischen EPL (*Ejército Popular de Liberación*) begangen, die in die Gesellschaft „reintegriert" werden sollten, faktisch jedoch die Seiten gewechselt hatten und für die Paramilitärs arbeiteten (vgl. Zelik 2000; Zibechi 2011).

Trotz der Anwesenheit internationaler Beobachter wie PBI (*Peace Brigades International*) wurden seit der Gründung von San José de Apartadó (Stand: 2009) 176 Mitglieder der Gemeinde getötet (vgl. Chiari 2009). Das entspricht einem Anteil von 12% der Gesamtbevölkerung der Gemeinde (vgl. Zibechi 2011). Am 21. Februar 2005 wurde ein Massaker an Luis Eduardo Guerra und weiteren Personen aus San José de Apartadó verübt. Zeugen belasteten das *Batallón 33*, das der 17. Brigade der kolumbianischen Armee unterstellt ist. Der damalige Präsident Uribe behauptete, dass die FARC für das Massaker verantwortlich war und schickte Truppen in die Friedensgemeinde, die diesen „Beistand" ablehnte. Die Gemeinde bezichtigte die Paramilitärs der Zone, mehr als 300 Verbrechen begangen zu haben (vgl. Fischer 2006: 211). Uribe hatte Tage vor dem Massaker die Friedensgemeinde der Kollaboration mit der Guerilla bezichtigt. Nach dem Massaker verließ die Gemeinde ihr Dorf und gründete ein kleineres, San Josezito. Ein Mitglied der Streitkräfte gab 2008 zu, an der Aktion gegen die Zivilbevölkerung beteiligt gewesen zu sein (vgl. Amnesty International 2008; Zibechi 2011).

Auch für die Friedensgemeinden im benachbarten Departement Chocó lässt sich ein ähnliches Bild zeichnen. Hier kam es während der Vertreibungen der Zivilisten zu einer teilweise massiven Zusammenarbeit von Militärs und Paramilitärs. Nach Zeugenaussagen von Ex-Paramilitärs arbeiteten einige von ihnen in „zwei Schichten". Tagsüber für die Armee und nachts für die paramilitärischen Gruppen (vgl. Felt 2011). Im Jahre 1996-1997 kam es zur *Operación Génesis*, während der das Militär das Gebiet bombardierte und die Paramilitärs nachfolgend einrückten, um die Zivilbevölkerung zu töten. Traurige Bilanz waren 140 tote Zivilisten (vgl. Felt 2011). Bei ihrem Einrücken in die Gemeinden drohten die Militärs, nach Aussagen von Aktivisten, offen damit, dass ihnen diejenigen folgen würden, die Köpfe abschnitten, wenn die Dorfbewohner ihre Gemeinden nicht verließen (vgl. Hess 2011).

Zusätzlich werden die Beziehungen in den Gemeinden durch die Verwicklungen der militärischen Gruppen erschwert und den Umstand, dass die Teilung in verschiedene Lager quer durch die Familien verlaufen kann (vgl. Zibechi 2011).

6. Humanitäre Zonen

Das Departement Chocó war bis Mitte der 1990er Jahre von den Konflikten im Rest des Landes relativ verschont geblieben. Die Zone ist wenig besiedelt und unterentwickelt. Erst Mitte des Jahrzehnts begannen Paramilitärs, gemeinsame Sache mit den Großgrundbesitzern zu machen und attackierten immer wieder die Zivilbevölkerung (vgl. Azzellini 2002: 119; Felt 2011; Wolf/Strack 2009). An den Flussläufen des Cacarica, Jiguamiandó und Curvaradó wurden diese Operationen durchgeführt (vgl. Hess 2011).

Daraufhin flohen viele Einwohner und kehrten erst Jahre später in kleinen Gruppen – mit Hilfe und unter dem Schutz[19] von Organisationen wie *Justicia y Paz*[20] oder PBI – zurück (vgl. Wolf/Strack 2009). Im Gebiet des Cacarica schafften es die Bewohner, sich bereits im Jahre 2000 wieder anzusiedeln und schriftliche Landtitel für ihre Ländereien zu erhalten (vgl. Huck 2010). Dieser Schritt nimmt auf das Gesetz Nr. 70 von 1993 Bezug, das afrokolumbianischen Gemeinden kollektive Landtitel garantiert, wenn sie Gemeinderäte bilden, die sie nach außen vertreten (vgl. Kolko 2007: 8). Insgesamt sind jedoch gerade einmal 10% der Bevölkerung zurückgekehrt und haben sich in „humanitären Zonen" oder „Zonen der Biodiversität"[21] wieder angesiedelt (Felt 2011). In den alternativen Zonen wird der enge Bezug der Bewohner zu ihrem Land betont, als Lebensmittelpunkt und nicht als Produktionsmittel (vgl. Lagarde 2009). Aus diesem Grund wurden sie als solche deklariert (vgl. Hess 2011). In den Gemeinden soll das kommunitäre Leben durch verschiedene Initiativen gestärkt werden. Zu ihnen gehören monatliche Besuche der Dachorganisation genauso wie Darlehen an die Bauern (vgl. Lagarde 2009). Ab 2001 benannten sich die Gemeinden am Curvaradó von „Friedensgemeinden" in „Widerstandsgemeinden" um, denn sie betonten das Recht auf Leben und Territorium (vgl. Kolko 2007: 10).

Die afrokolumbianischen Gemeinden im Chocó sahen sich immer wieder durch verschiedene Gruppen bedroht. Ihr Land wurde von nationalen und internationalen Konzernen immer wieder enteignet. So nach ihrer Flucht Mitte der 1990er Jahre. Bei ihrer Rückkehr sahen sie sich mit der Tatsache konfrontiert, dass ihre kollektiven Ländereien von illegalen Palm- und Holzfirmen in Beschlag genommen worden waren (vgl. Amnesty International 2008). 2007 hatten sie 21.000 Hektar verloren (vgl. Henkel 2007). Diese Politik setzte sich fort, indem ab Juli 2010, Mitglieder der *Águilas Negras* und der *Rastrojos*, neu geschaffener paramilitärischer Gruppen, mit „territorialen Säuberungen" am Río Curvaradó drohten und Mitglieder der Kommission für Gerechtigkeit und Frieden sowie einen Priester zur militärischen Zielscheibe[22] erklärten. Im Dezember 2010 traten internationale Bananenfirmen auf den Plan und versuchten, die Bewohner von ihren angestammten Territo-

---

19 Tatsächlich bietet die Anwesenheit internationaler Beobachter einen gewissen Schutz, hält sie doch die paramilitärischen Gruppen davon ab, die Friedensgemeinden endgültig einzunehmen und ihre Bewohner zu töten (vgl. Henkel 2007).

20 *Justicia y Paz* unterstützte 2007 insgesamt neun Friedensgemeinden in Kolumbien (vgl. Henkel 2007).

21 Diese Bezeichnung geht auf Maßnahmen des interamerikanischen Gerichtshofs für Menschenrechte zurück, die einen Schutzmechanismus für die Zivilbevölkerung der Zonen darstellen sollen (vgl. Felt 2011; Hess 2011).

22 Bereits 2008 hatte eine kolumbianische Palmölfirma 2.500 US-Dollar auf den Kopf zweier Vertreter lokaler Gemeinden des Gebietes ausgesetzt (vgl. Amnesty International 2008).

rien zu vertreiben. Ihre Bewohner wurden von dem Land, das ihnen das Gesetz Nr. 70 von 1993 garantiert, von Angestellten des Konzerns *Banacol* vertrieben (vgl. Felt 2011). *Banacol* hat in einer zynischen Strategie verschiedene verarmte und bedrohte Bevölkerungsteile gegeneinander in Stellung gebracht (vgl. Felt 2011).

Friedensgespräche zwischen der Regierung Uribe und Paramilitärs begannen im November 2002. Es wurde eine Zone (Santa Fe de Ralito) etabliert, wo ein Nichtangriffspakt zwischen Regierungstruppen und Paramilitärs bestand (vgl. Fischer 2006: 212). Die beschlossenen Gesetze zur Demobilisierung der Paramilitärs gerieten angesichts der von ihnen verübten unmenschlichen Verbrechen zur Farce. Innerhalb des Gesetzes für „Gerechtigkeit und Frieden" (*Justicia y Paz*) wurden von den 20.000 Paramilitärs 300-400 Personen belangt. Die restlichen Paramilitärs werden im Rahmen des Dekretes 128 ohne weitere Strafverfolgung „reintegriert" und erhalten darüber hinaus finanzielle Hilfen bei der Wiedereingliederung (vgl. Amnesty International 2008; Helfrich/Kurtenbach 2006: 19).

7. Licht am Ende des Tunnels?

Juan Manuel Santos erfreute sich bei Amtsantritt hoher Zustimmungswerte. Mit dieser Popularität als Basis begannen im November 2012 in der kubanischen Hauptstadt Havanna die Friedensverhandlungen mit der FARC, die bis heute nicht abgeschlossen sind (vgl. Crnčić 2015a und 2015b).

Die Friedensverhandlungen zwischen der Regierung und den FARC lassen eine gewisse Hoffnung für das gebeutelte Land aufkeimen. Es bleibt jedoch in den nächsten Jahren abzuwarten, inwieweit den Vereinbarungen über die Landrückgabe, die politische Teilhabe, die Beendigung der Gewalt sowie die Reparationen für die Zivilbevölkerung auch wirklich Taten folgen werden. Die Friedensgemeinden in den unterschiedlichen Landesteilen entstanden schließlich aus der Not heraus, sich von allen Kriegsparteien zu distanzieren und grundlegende Rechte einzufordern. Im Idealfall weisen die Friedensinitiativen in Kolumbien auch in anderen Konfliktzonen der Welt einen möglichen Weg bei der zivilen Konfliktbewältigung. Im schlimmsten Fall bleiben sie als Fanal für die Kriegsparteien und ihre nicht eingelösten Versprechen oder als Zonen des Widerstands gegen militärische Lösungen, die in Kolumbien bekanntlich immer nur von kurzer Dauer waren.

Quellen

Amnesty International (2008): *„Leave us in peace!" Targeting civilians in Colombia's internal armed conflict.* London: Amnesty International Publications. Online in Internet: URL: http://www.unhcr.org/refworld/docid/4908272d2.html. Abrufdatum: 21.05.2011.

Azzellini, Dario (2002): „Konfliktverschärfung durch Drogenökonomie. Der Krieg der Reichen gegen die Armen in Kolumbien". In: Medico international [Hg.]: *Ungeheuer ist nur das Normale. Zur Ökonomie der „neuen" Kriege.* Frankfurt am Main: Mabuse, 112-129. Und Online in Internet: URL: http://publikationen.ub.uni-frankfurt.de/frontdoor/in dex/index/docId/20991. Abrufdatum: 04.11.2015.

Bonacker, Thorsten (2011): „Forschung für oder Forschung über den Frieden? Zum Selbstverständnis der Friedens- und Konfliktforschung". In: Schlotter, Peter/Wisotzki, Simone [Hgg.]: *Friedens- und Konfliktforschung.* Baden-Baden: Nomos, 46-77.

Brühl, Tanja (2011): „Licht und Schattenseiten von Friedensstrategien. Internationale Organisationen, Regime und Verrechtlichung". In: Schlotter, Peter/Wisotzki, Simone [Hgg.]: *Friedens- und Konfliktforschung,* Baden-Baden: Nomos, 225-251.

Chiari, Raimondo (2009): *San José de Apartadó. Colombian Peace Community Stands Up For Humanity.* Online in Internet: URL: http://upsidedown world.org/main/colombia-archives-61/1821-san-jose-apartado-colombian-peace-community-stands-up-for-humanity. Abrufdatum: 14.06.2011.

Crnčić, Željko (2015a): *Colombia on rocky road to peace.* Online in Internet: URL: https://www.die-gdi.de/en/the-current-column/article/colombia-on-rocky-road-to-peace/. Abrufdatum: 13.11.2015.

–   (2015b): „Endlich Frieden in Kolumbien? Verhandlungen zwischen der Regierung Santos und der FARC". In: *ILA – Zeitschrift der Informationsstelle Lateinamerika* 388, 36-39.

Debiel, Tobias/Niemann, Holger/Schrader, Lutz (2011): „Zivile Konfliktbearbeitung". In: Schlotter, Peter/Wisotzki, Simone [Hgg.]: *Friedens- und Konfliktforschung.* Baden-Baden: Nomos, 312-343.

Felt, Megan (2011): *Multinational Banana Corporation displaces Afro-Colombian Peace Communities.* Online in Internet: URL: http://upside downworld.org/main/colombia-archives-61/2895-multinational-banana-corporation-displaces-afro-colombian-peace-communities-.   Abrufdatum: 14.06.2011.

Fischer, Thomas (2006): „Krisenland Kolumbien. Krisendimensionen, Krisenmanagement und Chancen für einen dauerhaften Frieden, 1985-2005". In: Boeckh, Andreas/Öhlschläger, Rainer [Hgg.]: *Krisenregionen in Lateinamerika. Weingartener Lateinamerika-Gespräche 2005.* Hamburg: Institut für Iberoamerika-Kunde, 191-219.

Geis, Anna/Wolff, Jonas (2011): „Demokratie, Frieden und Krieg. Der ‚demokratische Frieden' in der deutschsprachigen Friedensforschung". In:

Schlotter, Peter/Wisotzki, Simone [Hgg.]: *Friedens- und Konfliktfor-schung*. Baden-Baden: Nomos, 112-139.

Gießmann, Hans J./Rinke, Bernhard [Hgg.] (2011): *Handbuch Frieden*. Wiesbaden: VS Verlag für Sozialwissenschaften.

Gutiérrez Sanín, Francisco/Zuluaga Borrero, Paula (2011): „Hacia un país minero. Retos para el sistema político y el Estado". In: *Nueva Sociedad* 231/enero-febrero, 96-114. Online in Internet: URL: http://nuso.org/media/articles/downloads/3755_1.pdf. Abrufdatum: 04.11.2015.

Hawkins, Daniel (2008): *Colombia: compromise or containment? National state transformation and the formulation of nationhood*. Working Paper 01/2008. Kassel: Universitätsbibliothek. Online in Internet: URL: http://nbn-resolving.de/urn:nbn:de:hebis:34-2010110234857. Abrufda-tum: 04.11.2015.

Helfrich, Linda/Kurtenbach, Sabine (2006): *Kolumbien – Wege aus der Ge-walt. Zur Frage der Transformation lang anhaltender Konflikte*. Osnab-rück: Deutsche Stiftung Friedensforschung DSF. Online in Internet: URL: http://www.ssoar.info/ssoar/bitstream/handle/document/26029/ssoar-2006-helfrich_et_al-kolumbien_-_wege_aus_der.pdf?sequence=1. Abrufdatum: 04.11.2015.

Henkel, Knut (2007): „Eine Alternative mitten im Krieg". In: *Neues Deutschland*, 13. Februar. Und Online in Internet: URL: http://www.ag-friedensforschung.de/regionen/Kolumbien/neutral.html. Abrufdatum: 21.05.2011.

Hess, Jake (2011): *Interview. Afro-Colombian Farmers on Displacement and Resistance*. Online in Internet: URL: http://upsidedownworld.org/main/colombia-archives-61/2846-interview-afro-colombian-farmers-on-dis placement-and-resistance. Abrufdatum: 14.06.2011.

Huck, Alexandra (2010): *Der größte Erfolg ist, dass wir nach zehn Jahren immer noch gemeinsam auf unserem Land sind*. Online in Internet: URL: http://kolko.net/land-und-vertreibung/719/. Abrufdatum: 04.11.2015.

Hörtner, Werner (2006): *Kolumbien verstehen. Geschichte und Gegenwart eines zerrissenen Landes*, Zürich: Rotpunktverlag.

Jaberg, Sabine (2011): „Der Friedensbegriff in wissenschaftlicher und politi-scher Perspektive". In: Gießmann, Hans J./Rinke, Bernhard [Hgg.]: *Handbuch Frieden*. Wiesbaden: VS Verlag für Sozialwissenschaften, 53-70.

Kolko e.V. [Hg.] (2007): *Die Hoffnung hinter der Angst. Friedensgemeinden in Kolumbien*. Online in Internet: URL: http://kolko.net/friedens-und-widerstandsgemeinden/die-hoffnung-hinter-der-angst-friedensgemein den-in-kolumbien/. Abrufdatum: 09.06.2011.

Lagarde, Olivier (2009): *La fortaleza de la Organización comunitaria en el Chocó.* Online in Internet: URL: http://www.cinep.org.co/node/697. Abrufdatum: 21.05.2011.

Meyers, Reinhard (2011): „Krieg und Frieden". In: Gießmann, Hans J./Rinke, Bernhard [Hgg.]: *Handbuch Frieden.* Wiesbaden: VS Verlag für Sozialwissenschaften, 21-53.

Ramírez Vargas, Socorro (2011): „El giro de la política exterior colombiana". In: *Nueva Sociedad* 231/enero-febrero, 79-95. Online in Internet: URL: http://nuso.org/media/articles/downloads/3754_1.pdf. Abrufdatum: 04.11.2015.

Schlichte, Klaus (2011): „Vom Umgang mit Konflikt, Gewalt und Krieg. Kriegsursachenforschung – Ein kritischer Rückblick". In: Schlotter, Peter/Wisotzki, Simone [Hgg.]: *Friedens- und Konfliktforschung.* Baden-Baden: Nomos, 81-112.

Schlotter, Peter/Wisotzki, Simone (2011): „Stand der Friedens- und Konfliktforschung – Zur Einführung". In: dies. [Hgg.]: *Friedens- und Konfliktforschung.* Baden-Baden: Nomos, 9-46.

Vargas Velásquez, Alejo (2011): „El sistema político Colombiano al inicio del gobierno de Santos". In: *Nueva Sociedad* 231/enero-febrero, 115-131. Online in Internet: URL: http://nuso.org/media/articles/ downloads/3756_1.pdf. Abrufdatum: 04.11.2015.

Wolf, Anne/Strack, Peter (2009): „Unter den Augen der Verfolger. Kolumbien: Friedensgemeinden wehren sich". In: *Terre des hommes-Zeitung* 1, 6. Und Online in Internet: URL: http://www.schattenblick.de/info pool/buerger/trhommes/bthpr194.html. Abrufdatum: 21.05.2011.

Zelik, Raul (2000): *Kolumbien. Große Geschäfte, staatlicher Terror und Aufstandsbewegung.* Karlsruhe: Neuer ISP-Verlag.

–   (^{2}2010): *Die kolumbianischen Paramilitärs. „Regieren ohne Staat?"* *oder terroristische Formen der inneren Sicherheit.* Münster: Westfälisches Dampfboot.

Zibechi, Raúl (2011): *San José of Apartadó, Peace Community. Liberty as a Survival Instinct.* Online in Internet: URL: http://upsidedownworld.org/ main/colombia-archives-61/2844-san-jose-of-apartado-peace-commu nity-liberty-as-a-survival-instinct. Abrufdatum: 14.06.2011.

Zinecker, Heidrun (2011): „Gewalt- und Friedensforschung – funktioniert der entwicklungstheoretische Kompaß?". In: Schlotter, Peter/Wisotzki, Simone [Hgg.]: *Friedens- und Konfliktforschung.* Baden-Baden: Nomos, 139-183.

HUBERT PÖPPEL/MATILDE SALAZAR
(Regensburg/Medellín)

Medellín – Barbarisierung und Rezivilisierung einer Stadt

Resumen

Sin lugar a dudas, la violencia y la muerte omnipresentes en la ciudad de Medellín a comienzos de los años noventa del siglo pasado nos permiten hablar de una situación de barbarie. Desde esa época, la capital del departamento de Antioquia se ha esforzado por establecer lugares de reflexión, de tranquilidad, de ocio y de libertad para romper el cerco de la violencia y por establecer espacios simbólicos – el arte, el metro, las nuevas bibliotecas, los parques tecnológicos y de entretenimiento – que den testimonio de una nueva etapa en el intento de convertir la ciudad en un modelo de civilización en el país.

> *Es ist niemals ein Dokument der Kultur,*
> *ohne zugleich ein solches der Barbarei zu sein.*
>
> Walter Benjamin (2010 [1940])

1. Einleitung

Die Barbarei, so drückt es Michel Henry (1994: 80ff.) aus, ist nie ein Beginn, sondern ein Zweites im Vergleich zu einer Kultur, die ihr vorausgeht. Kultur wäre dann das raum-zeitlich Erste, das in einen Prozess der Degeneration einmündet, ganz unabhängig davon, wie diese Kultur begriffen und in welchem Umfang sie als zivilisiert angesehen wird. Die Analyse des französischen Philosophen verortet dabei die Gründe für die global immer stärker um sich greifende Barbarei in den Bereichen, die üblicherweise der Zivilisation zugeschrieben worden waren: in den Wissenschaften, der Technik, dem Fortschritt. Dies klingt wie eine von anderen philosophischen Ansätzen aus neu konzipierte Version von Adornos und Horkheimers *Dialektik der Aufklärung*. Eine solch allumfassend pessimistische Kulturkritik mit einem entsprechend weiten Begriff der Barbarei wollen wir uns jedoch zunächst nicht zu eigen machen. Vielmehr deutet der uns vorgegebene Titel des Beitrags ja schon zwei Modifikationen dazu an. Einmal den Blick auf die Sonderentwicklung der Stadt Medellín, zum anderen die Hoffnung, dass es Auswege aus der Barbarei geben könnte. Dazu ist es aber erforderlich, das Faktum einer Entwicklung hin zu barbarischen Verhältnissen in der Hauptstadt der Provinz Antioquia zuallererst ehrlich zu konstatieren, und diese dann irgendwie konzise und prägnant darzustellen, was bei einem so hochkomplexen Phänomen wahrlich nicht einfach ist und daher selbstverständlich zu Verzerrungen und Verkürzungen führen muss.

Beginnen möchten wir daher mit einer nüchternen Statistik[1], die in diesem Fall treues Abbild einer schrecklichen Epoche der Geschichte dieser Stadt ist, auch wenn die Zahlen die dahinterstehenden Geschichten nicht annähernd zu repräsentieren vermögen.

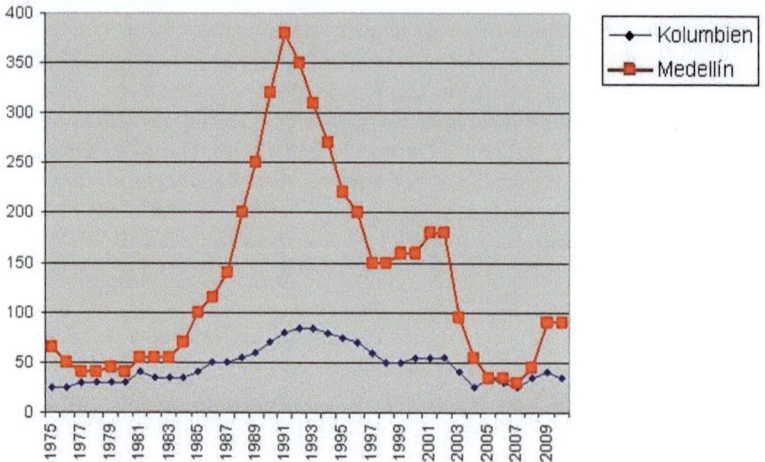

Grafik 1: Tötungsdelikte in Medellín (1975-2011)

Die Grafik zeigt die Entwicklung der Rate der Tötungsdelikte in Medellín und Kolumbien seit 1975, immer bezogen auf 100.000 Einwohner. Über 20 Jahre hinweg, von Mitte der 1980er Jahre bis vor wenigen Jahren hatte die Hauptstadt der Provinz Antioquia Mordraten aufzuweisen, die deutlich über denen Kolumbiens lagen, und dabei übertrafen bereits die Tötungsdelikte des ganzen Landes um ein Vielfaches die in Europa üblichen Quoten.[2]

---

1   Die verschiedenen im Internet in Verlautbarungen von offiziellen Stellen oder in wissenschaftlichen Untersuchungen kursierenden Zahlen stimmen in aller Regel nicht gänzlich überein, so dass die Grafik mit gerundeten Zahlen für die jeweiligen Jahre erstellt wurde. Sie will nur Tendenzen sichtbar machen und erhebt keinen Anspruch auf wirklich verlässliche Daten.

2   Wenn wir diese Statistik auf absolute Zahlen umrechnen, so kommen wir in den vier Jahren von 1990 bis 1993 nur in der Stadt Medellín mit seinen gut zwei Millionen Einwohnern (die Gesamteinwohnerzahl des Großraums Medellín im Valle de Aburrá liegt bei etwa 3,5 Millionen), auf jeweils etwa 6.000-7.000 Opfer der sich überlagernden Konflikte. Noch die späten 1990er Jahre, in denen sich die Raten bei gut 150 pro 100.000 Einwohner eingependelt hatten, übertreffen mit ihren umgerechnet über 3.000 Toten pro Jahr allein in Medellín die Summe der in ganz Deutschland mit seinen 80 Millionen Einwohnern registrierten Tötungsdelikte. Gemäß der *Polizeilichen*

Zumindest umgangssprachlich können wir hier ohne Übertreibung von einer „Barbarei" sprechen, in der Menschenleben nichts zählen und durch die in bestimmten Stadtvierteln Medellíns eine ganze Generation entweder ausgelöscht oder durch die schrecklichen Erlebnisse dauerhaft traumatisiert wurde.

Ob die Entwicklungen seit 2003, die zumindest in der Grafik einen deutlichen Rückgang der Mordraten ergeben, mit dem Begriff der „Rezivilisierung" richtig umschrieben sind, oder ob der neuerliche Anstieg ab 2009 zu Pessimismus Anlass gibt, wird die Zukunft weisen. Die Zahlen von 2013 (Rückgang auf 38 pro 100.000) lassen diesbezüglich eine optimistische Sicht zu. Dieser Beitrag wird sich zumindest den Anstrengungen widmen, Medellín aus der Kultur der Gewalt herauszuführen, in die sich die Stadt seit nun bereits mehreren Jahrzehnten verstrickt hat. Was dabei „Rezivilisierung" heißen kann, werden wir nur an einigen wenigen Beispielen anreißen. Als allgemeiner Begriff muss ihr Bedeutungsumfang wahrscheinlich weithin offen bleiben.

Die bloße Abwesenheit von Barbarei im Sinne der Grafik, also ein bloßes Absinken der Todesrate, kann dafür höchstens ein Indiz darstellen. Doch auch die alte und bekannte Dichotomie aus Sarmientos *Facundo o civilización y barbarie* (1845) hat in den inzwischen fast zwei Jahrhunderten seit dem Erscheinen des Buches gründlich ausgedient. Die Welt und auch Medellín haben schmerzhaft lernen müssen, dass das eine das andere nicht ausschließt, dass mit der Durchsetzung einer wie auch immer idealisierten Zivilisation die Barbarei nicht automatisch aufhört, sondern dass beide sich wechselseitig beeinflussen.

2. Gewalt und Barbarei

Wenn wir unserer Grafik Glauben schenken wollen, was wir nur bedingt tun, dann erreichte Medellín zwischen Ende der 1980er und Mitte der 1990er Jahre den Gipfel der Barbarei. Als weltweit noch immer erinnertes Symbol dafür steht Pablo Escobar. Der kolumbianische Staat versuchte verzweifelt, sich aus der Umklammerung und Durchdringung durch die Kokain-Kartelle zu lösen, und das mächtigste von ihnen, das aus Medellín, brach einen gnadenlosen und von keinen Regeln geleiteten Krieg vom Zaun, in dem vor allem jugendliche Killerbanden, die *Sicarios*, zum Einsatz kamen. Sie führten ihr mörderisches, barbarisches Handwerk sogar weiter, als der Kopf der Organisation, Pablo Escobar, schon tot war (1993). Soweit die einfache Erklärung. Doch nichts an diesem Krieg, nichts in Medellín ist einfach. Das erkannte weitsichtig schon der heutige Bürgermeister der Stadt, Alonso Salazar, als er 1990 sein Buch *No nacimos pa' semilla* publizierte, in dem er ver-

---

Kriminalstatistik 2010 (Bundesministerium des Inneren 2011: 21) liegt die Anzahl der vollendeten Tötungsdelikte derzeit bei 690, die der versuchten bei 1.911.

suchte, der Innenperspektive der *bandas juveniles* und ihres Umfeldes inmitten dieses Krieges nachzuspüren.

Ab Mitte der 1990er Jahre, so könnte man nun das einfache Erklärungsmuster fortsetzen, wäre dann der Konflikt mit der Drogenmafia durch die Auseinandersetzung zwischen der Guerilla und den Paramilitärs um Carlos Castaño in die Stadt getragen worden, bis schließlich der neue Präsident, Álvaro Uribe, der selbst aus Antioquia stammt, ab 2002 für Ruhe und Ordnung gesorgt und, in unserem Schema, den Prozess der Rezivilisierung eingeleitet hätte. Sein Ausscheiden aus dem Amt, und es gibt Anzeichen dafür, dass seine Anhänger tatsächlich so argumentieren, hätte dann ein Machtvakuum zur Folge, in dem sich die alte Barbarei wieder ausbreiten könnte. Wie gesagt, das wäre die einfache Erklärung, der wir nicht wirklich vertrauen, denn für die Barbarei sind viele verantwortlich und am Krieg verdienen viele.

Für einen etwas anders gelagerten Blick auf das Medellín der 1990er Jahre möchten wir bei der Literatur Anleihen nehmen. Héctor Abad Faciolinces Roman *Angosta* (2003)[3] handelt von der Barbarisierung der in einem Tal der zentralen Andenkordillere gelegenen Stadt Angosta. Sie erstreckt sich über drei Klimastufen. Ganz unten, in der *Tierra Caliente*, die selbstverständlich die Hölle assoziiert, hausen in unerträglichen Verhältnissen die Armen, die Marginalisierten, die Ausgestoßenen. Sie stellen die Mehrheit der Bevölkerung. Hunger, Krankheiten, Gewalt ist ihr täglich Brot, und es fehlt praktisch an allem, was eine zivilisierte Gesellschaft ihnen bieten könnte. In der Mitte, in *Tierra Templada*, richtet es sich die Mittelschicht der Arbeiter und kleinen Angestellten mehr schlecht als recht ein. Ganz oben, in *Tierra Fría* hingegen, dem Paradies, residieren die Reichen, die sich durch Grenzanlagen abschotten, die dem Eisernen Vorhang zur Ehre gereichen würden. Wer dort hinein will, braucht ein Visum, das nur diejenigen erhalten, die täglich zur Arbeit kommen oder diejenigen, die entsprechend viel Geld vorweisen können, um dort zu leben. Angosta hält sich als angeblich zivilisierte Gesellschaft zugute, gerade nicht nach Abstammung, nach ethnischen oder religiösen Gründen zu diskriminieren, sondern die volle Teilhabe am Paradies allen zuzugestehen, wenn sie nur die Regeln des Spiels einhalten. Und diese lauten: Geld verdienen oder Geld haben, ganz egal, auf welche legale oder andere Art und Weise.

Regiert wird die Stadt durch den Rat der Sieben Weisen, Herren über Leben und Tod aller Untertanen. Zur Aufrechterhaltung der Ordnung bedienen sie sich der Armee oder der allgegenwärtigen Geheimpolizei, die jeden Auftrag grausam effektiv ausführen. Dabei interessiert jedoch nur die Ruhe und Sicherheit oben, in *Tierra Fría*. Die beiden anderen Zonen versinken im Klein-

---

3   Der Roman wurde bislang noch nicht ins Deutsche übersetzt; zu einer ersten Analyse vgl. Osorio 2003.

krieg zwischen Drogenhändlern, organisierten Banden, Kriminellen und anderen Akteuren vieler kleiner, unerklärter Kriege um Macht und Einflusszonen. Angesichts einer solchen Lage nimmt es nicht Wunder, dass auch *Tierra Fría* Terrorakten und Angriffen von Aufständischen ausgesetzt ist, die wiederum massive Gegenschläge auslösen. Gewalt heizt die Gewalt an.

Unschwer kann man in diesem Roman durch die Dante geschuldeten Anteile hindurch die kolumbianische Gesellschaft und Medellín erkennen, selbst wenn die Beschreibungen auch auf andere Länder und Städte übertragbar sind. Für die Stadt des ewigen Frühlings stimmt zwar die fiktionale geographische Anordnung der Zonen nicht, da sowohl die Gebiete der Reichen und Mächtigen, El Poblado, Las Palmas und die Ländereien zum Flughafen Rionegro hin, als auch die Elendsquartiere zu beiden Seiten des langgestreckten Tales immer weiter die Hänge und Berge hinaufwachsen. *Fría* und *Caliente* bezieht sich also, wenn wir die Umsetzung vornehmen, nicht mehr auf die Klimastufe, sondern vor allem auf den Grad der Gewaltbetroffenheit, der die jeweilige Zone ausgesetzt ist, bzw. auf die Art und Weise, wie jede der Zonen selbst Gewalt anwendet: kühl rational die eine, verzweifelt und im Kampf ums Überleben die andere.

Anfang der 1990er Jahre konnte man in der Tat den Eindruck gewinnen, dass Kolumbien und Medellín durch ein unsichtbares Gewirr von Grenzen und No-go-Areas durchzogen war: Europäer und Nordamerikaner reisten tunlichst nicht in das Land; Kolumbianer mieden, wenn möglich, die Stadt; und die Bewohner besser gestellter Viertel hielten sich, soweit sie konnten, fern von den sogenannten *Comunas*, den Armenvierteln, insbesondere von der *Comuna Nororiental*, die als Epizentrum der Gewalt und des Krieges galt.[4]

Die Absicht, die für die Kolumbianer dahinterstand, war natürlich, zumindest subjektiv für sich selbst den Krieg lokal einzugrenzen und ihn den jeweils anderen zuzuschreiben, um mit der eigenen Betroffenheit und Angst einigermaßen umgehen zu können. Doch eine solche diskursive Strategie, sich einzureden, dass die Gewalt auf bestimmte Gebiete beschränkt werden kann, war zum Scheitern verurteilt. Der Krieg und die Barbarei akzeptierten keine Grenzen innerhalb des Landes. Die Attentate auf die Verwaltungszentrale der Sicherheitspolizei (*Departamento Administrativo de Seguridad*,

---

4   Medellín ist verwaltungstechnisch in rund 250 *barrios* eingeteilt, von denen mehrere zu den 16 *comunas* zusammengezogen werden, und diese bilden wiederum insgesamt sechs größere *zonas*. Die umgangssprachliche Gleichsetzung von *comuna* mit ärmeren Stadtvierteln ist daher eigentlich nicht korrekt. Ebenso hat sich zwar der Begriff *Comuna Nororiental* eingebürgert, offiziell handelt es sich bei dieser Agglomeration aber eigentlich um eine aus vier *comunas* bestehende Zone. Die später immer wieder angesprochene *Comuna 13: San Javier* gehört zur *Zona Centro Occidental* und umfasst 18 *barrios*, die bei weitem nicht alle als Zentrum des Konfliktes und als Elendsviertel gelten können.

DAS), auf den Avianca-Flug 203, die Ermordung der Präsidentschaftskandidaten Luis Carlos Galán, Bernardo Jaramillo Ossa und Carlos Pizarro, um nur einige der bekanntesten Ereignisse zu nennen, fanden in Bogotá statt. Auch in Medellín selbst lauerten die Bomben ständig und überall. Niemand konnte wirklich glauben, vor ihnen sicher zu sein, wenn er bestimmte Stadtteile mied. Überall, bis in die letzten Winkel des Tals griff die Gewalt um sich, und noch bis in den vorgeblich abgegrenzten Raum der eigenen Wohnung drang sie ein durch die tagtägliche Bilderflut von Tod und Zerstörung im Fernsehen und das nie enden wollende, zur Routine verkommene Zählen der Toten in den Zeitungen. Allgegenwärtig war es, das Wort *violencia*, das die Kolumbianer so fatal an die Gewaltspirale des Bürgerkrieges der 1940er und 1950er Jahre erinnerte.

Der Krieg und die Barbarei der ausgehenden 1980er und beginnenden 1990er Jahre waren noch in weitergehenden Aspekten entgrenzend. Die mit Dynamit vollgestopften Lastwagen differenzierten weder die Menschen, die sie töteten, noch die Objekte, die sie zerstörten. Als eine Bombe 1989 Teile der Zeitung *El Espectador* in Schutt und Asche legte, wollte sie möglicherweise nur die tagesaktuelle kritische Berichterstattung unterbinden. Doch sie traf die kolumbianische Kultur ins Herz, indem sie die älteste Zeitung des Landes mit der wichtigsten Literatur- und Kulturbeilage über Jahrzehnte in die Krise führte. In Medellín bekam die enge Beziehung von Barbarei und dem Versuch, über Kultur zum Aufbau zivilisierterer Lebensverhältnisse beizutragen, ein erschreckend beeindruckendes Symbol. Gemeint ist die große Bronzeplastik Fernando Boteros, *El Pájaro*, den der Künstler 1994 seiner Heimatstadt für den neu angelegten Platz San Antonio stiftete, und der ein Jahr später mit Sprengstoff und Nägeln gefüllt explodierte und 23 Menschen in den Tod riss. Notdürftig wieder zusammengeflickt erinnert er, jetzt *Pájaro herido* genannt, an jene noch immer nicht überwundene Zeit. Botero selbst verfügte, dass er an seinem Platz bleiben sollte, stellte ihm aber, als Zeichen für die Hoffnung auf einen Neubeginn, eine unversehrte Replik an die Seite, den *Pájaro de la paz*.

Entgegen der einfachen Erklärungsmuster entgrenzten der Krieg und die Barbarei auch sehr schnell die Unterscheidung zwischen Tätern und Opfern. Pablo Escobar und seine *Sicarios* boten sich als ideale Sündenböcke an, denen die Schuld an allem zugeschoben werden konnte, während die Gesellschaft sich insgesamt zum Opfer erklärte. Doch wie viele politisch unliebsame Aktivisten, noch überlebende Mitglieder der *Unión Patriótica*, Gewerkschaftler, aber auch einfach störende Nachbarn oder sonst wie im Weg stehende Menschen ihr Leben gelassen haben und in den Statistiken dann auf das Konto des Drogenkrieges verbucht wurden, wird sich niemals mehr feststellen lassen. Ebenso wenig werden die wahren Motive vieler Morde je geklärt werden, die seitdem der Guerilla zugeschrieben wurden, denn viele

Gruppen und Einzelpersonen haben in Kolumbien unter dem Deckmantel der Guerillabekämpfung ihr eigenes Süppchen gekocht. Dass das Kokain-Kartell zunächst und dann die FARC und die Paramilitärs entscheidend zur Explosion der Gewalt beigetragen haben, ist dabei unbestritten, aber im Krieg wurden sehr viel mehr Gruppen und Einzelpersonen zu Tätern, vielleicht sogar die ganze Gesellschaft.

Wo und wann aber begannen die Gewalt und die Barbarei in Kolumbien und speziell in der einstmals abgelegenen und aufstrebenden Industriestadt Medellín wirklich? Antworten darauf gibt es viele und mannigfaltige. Meist setzen sie vor Jahrzehnten an mit den während des großen Bürgerkrieges (1948-1957) oder in der Turbay-Ära (1978-1982) oder auch später noch in immer neuen Wellen vom Land vertriebenen Bauern, die sich in der Stadt einen Platz erkämpfen mussten, wenn es sein musste, mit der Machete in der Hand. Vertrieben wurden sie durch die Auseinandersetzung zwischen den großen Parteien, durch die Großgrundbesitzer, die Guerilla, die Paramilitärs. Doch wann und warum eskalierte die Lage in den neuen, sich die steilen Hänge des Tals hinaufziehenden Elendsvierteln? Schon in den 1970er Jahren, weil der Staat sich nicht um sie kümmerte? Oder als sich Selbstverteidigungsgruppen gründeten, um das Machtvakuum zu füllen? Oder als das schnelle Drogengeld die Macht dort und im Staat übernahm? Oder erst, als der vom Drogengeld zerfressene Staat und mit ihm die alte Oligarchie sich wehrten? Oder als die Milizen der unterschiedlichen Guerillagruppen hineindrängten, um dann von den Paramilitärs wieder hinausgedrängt zu werden?

Begann die Gewalt ganz unten, im familiären und nachbarschaftlichen Kontext, mit Landbesetzungen, Vertreibungen, kleineren Diebstählen, Angriffen auf die Nachbarn, sexuellen Übergriffen und der sich daraus entwickelnden Gegengewalt; mit den schlechten Bildungs- und Zukunftschancen, die zu Frustrationen führten; mit den Müttern, die das Abgleiten ihrer Söhne in die Bandenkriminalität untätig hinnahmen, weil sie kurzfristig davon profitierten, wohl wissend, dass diese wahrscheinlich darin umkommen würden? Oder sollten die Violentologen, die kolumbianischen Spezialisten für die Gewaltforschung, besser bei der ungerechten Verteilung von Kapital und Einkommen ansetzen, bei der institutionalisierten Gewalt im alten Zweiparteiensystem, bei der grassierenden Korruption? Oder beim fehlgeschlagenen Übergang von einer ländlich-katholisch geprägten Sozialstruktur hin zu einer modernen Gesellschaft, in der es weder Staat noch Kirche vermocht haben, eine den neuen Verhältnissen entsprechende Werteordnung zu etablieren?[5]

---

5   Diese und viele weitere Erklärungsmuster werden in der Forschung in unterschiedlicher Gewichtung diskutiert; eine auch nur annähernd umfassende Bibliographie dazu würde inzwischen Hunderte von Titeln umfassen. Vgl. daher hier nur die Fallstudie zur derzeit am besten untersuchten *Comuna 13* (Angarita Cañas 2008) sowie einen frühen Überblick über die Publikationen zur Gewalt in Antioquia und Medellín der-

Dieser Aspekt könnte tatsächlich die Erklärung dafür sein, warum gerade Medellín zum Zentrum der Gewalteskalation wurde. Denn hier verbanden sich auf eigentümliche Weise ein aggressiver Kapitalismus eigener Prägung mit einem zutiefst konservativ-katholischen Weltbild, bei dem jedoch die dem Christentum innewohnenden Humanisierungspotentiale kaum einmal ausgeschöpft wurden.[6] Dieser niemals wirklich aufgearbeitete Zusammenschluss könnte verantwortlich sein für so befremdliche Phänomene wie die volksreligiös unterfütterten Rituale der *Sicarios*, die ihre Kugeln in Weihwasser baden, um ihren Mordauftrag erfolgreich abschließen zu können, oder sich mit Beschwörungen gegen feindliche Kugeln immunisieren, wohl wissend, dass sie dennoch schnell leben und genießen müssen, weil sie morgen tot sein werden. Aber dieser Frage nachzugehen würde unsere Kompetenzen überschreiten.

Neben der Entgrenzung der Gewalt und der Barbarei steht jedoch, wenn wir zu Héctor Abad Faciolince zurückkehren, eine Vielzahl von Grenzziehungen, die mit ihr verbunden sind. Wenn wir uns nur auf die *Comuna 13* im äußersten Westen Medellíns konzentrieren, die seit dem Eingreifen des Militärs im Jahre 2002 im Zentrum des Interesses steht, so kann man sich des Eindrucks nicht erwehren, dass heute bereits überwunden geglaubte Prozesse neu einsetzen. Wieder bilden sich Gruppen oder drängen in die Viertel hinein, die Territorien und Einflusssphären abstecken. Diese Gebiete zu überschreiten, ist dann bei Todesstrafe verboten, auch wenn es sich nur darum handelt, für die Großmutter ein Medikament auf der anderen Straßenseite zu kaufen, wie es dem brillanten Schüler einer der dortigen Schulen geschah. Besonders gefährdet sind in diesem Spannungsfeld die engagierten *líderes comunales* oder die Jugendlichen, die über Musik versuchen, eine neue Kultur des Miteinanders aufzubauen; im Prinzip jeder, der durch Kreativität und Zivilcourage auffällt.

Vor zehn Jahren, zu Zeiten der täglichen bewaffneten Auseinandersetzungen in der *Comuna 13* zwischen den Milizen der Guerilla und den paramilitärischen Einheiten, fielen den eigenen Grenzziehungen sogar die eigentlich ex-

---

selben Forschergruppe (Angarita Cañas 2001). Für Ansätze, die zur Erklärung der Gewalt in Kolumbien noch sehr viel weiter zurück in die Geschichte gehen vgl. Palacios (1995).

6   In Kolumbien fiel es der Kirche schwer, ihre extrem enge Bindung an die Konservative Partei aus dem Bürgerkrieg Mitte des Jahrhunderts zu überwinden und zu einer offeneren Haltung gegenüber der Zivilgesellschaft zu finden. In Medellín kam erschwerend die Amtszeit Kardinal Alfonso López Trujillos als Erzbischof der Stadt hinzu (1978-1991), der systematisch gegen Priester in der eigenen Diözese vorging, die Ansätze befreiungstheologischer Seelsorge in den gerade neu entstandenen *Comunas* verwirklichen wollten. Gerade zu der kritischsten Zeit Medellíns war seine Kirche zu sehr mit ihren internen Auseinandersetzungen beschäftigt, um gesamtgesellschaftlich wirksame Lösungswege anbieten zu können.

territorialen, von den Normen und Regeln der Zivilisation geschützten Zonen zum Opfer, nämlich Schulen, Krankenstationen und ähnliche Einrichtungen, die brutal in den Krieg einbezogen wurden. Grenzziehungen und barbarische Entgrenzung gingen damals Hand in Hand und führten zu einer *de facto* Abschließung des gesamten Gebietes: keiner durfte ohne Erlaubnis nach außen, keiner von außen herein, bis dann die Staatsmacht mit Gewalt vorging und die *Comuna* mittels einer groß angelegten militärischen Aktion öffnete. Ob das Stadtviertel heute wieder in die alten Verhältnisse zurückfällt oder doch zu einem Neuaufbruch ansetzt, auch das wird die Zukunft weisen. Die Voraussetzungen, das ist jedoch sicher, sind heute anders als vor einem Jahrzehnt. Der Staat und die Stadt intervenierten in den letzten Jahren nicht nur militärisch, sondern auch mit riesigen Investitionen in die Infrastruktur, in Bildung, in den Aufbau der Selbstverwaltung, allerdings mit dem Effekt, dass inzwischen bereits der Vorwurf des Paternalismus und der Überversorgung laut wird. Hat damit in die ehemals schwer zu erreichende, abgelegene No-go-Area schon die Zivilisation Einzug gehalten?

3. Rezivilisierung

Wenn Gewalt entgrenzt, weil sie die Barbarei räumlich überall hinträgt, weil sie nicht Halt macht vor kulturellen Errungenschaften, ja eine Symbiose mit ihnen eingeht, weil sie Opfer zu Tätern und Täter zu Opfern werden lässt; und wenn sie damit einhergehend auch neue Begrenzungslinien zieht, um Einfluss- und Machtzonen von Banden und bewaffneten Gruppen abzustecken, dann muss auch die Rezivilisierung entgrenzend und begrenzend zugleich tätig werden, um das Phänomen der *Violencia* zurückdrängen zu können.[7] Wir konstatieren zunächst einmal eine Kultur der Gewalt, die speziell

---

7   Zum Übergang in eine zivile Gesellschaft gehören ohne Zweifel Errungenschaften, die eine breitere Partizipation an der politischen Willensbildung gewährleisten, die den Kolumbianern einen leichteren Zugang zum Justizsystem gewähren und die für die soziale Absicherung von Schichten der Bevölkerung sorgen, die bislang von den großen Sicherungssystemen ausgeschlossen waren. Konkret beziehen wir uns dabei auf die Verfassung von 1991, auf die in der neuen Magna Charta verbriefte *Acción de tutela*, mit der der Einzelne den Schutz seiner Grundrechte direkt und unmittelbar einklagen kann, sowie auf neue Maßnahmen zur Absicherung im Krankheitsfall (*Sisbén – Sistema de identificación de Potenciales Beneficiarios de Programas Sociales*). Diese Reformen betreffen jedoch das ganze Land und nicht nur Medellín. Bereits zuvor existierte das System der sozialen Stratifizierung der Städte, mittels dessen ärmeren Bevölkerungsgruppen der Zugang zu Wasser, Kanalisation, Elektrizität und Telefon erleichtert wurde. In Kolumbien werden die Wohngebiete in *estratos* unterteilt, denen dann gestaffelte Gebühren für die Leistungen der Stadtwerke entsprechen. Auf diese Weise subventionieren die Bewohner besser situierter Viertel den Verbrauch der niedriger Eingestuften. Auch die Bewertung, ob jemand, der keine Krankenversicherung und keine eigenen Mittel hat, durch staatliche Zu-

in Medellín eigenständige und neuartige Ausdrucksformen des Umgangs mit ihr und der Reflexion über sie hervorgebracht hat.

Am Eindrücklichsten und Grundlegendsten geschah dies in der Sprache. Die ursprünglich in den randständigen Stadtvierteln von den Jugendbanden entwickelte Sondersprache des *Parlache* ist inzwischen in breit angelegten linguistischen Forschungen untersucht worden.[8] Sie hat aber, was noch wichtiger ist, mit ihren auch durch die Gewalt geprägten Metaphern und Neologismen bereits Spuren in der normalen Umgangssprache, selbst über Medellín hinaus hinterlassen. So ist es beispielsweise nicht mehr ungewöhnlich, in der direkten Anrede an einen Freund *parce* oder *parcero* zu verwenden statt des sonst üblichen *amigo* oder *hermano*. Vor allem aber zwingt die Existenz eines vorwiegend mit den Unterschichten und dem Krieg der 1990er Jahre assoziierten Soziolekts die heutigen Jugendlichen Medellíns, die ihre eigene Lage etwa durch und mit den Musikrichtungen des Rap und des Hip-Hop reflektieren, Stellung dazu zu nehmen. Sei es, indem sie diese Sprache verwenden, um ihr Publikum, die anderen Jugendlichen der *Barrios*, besser zu erreichen, sei es, dass sie bewusst auf die Hochsprache umschalten, damit sie ihre moralisch und ethisch orientierten Inhalte auf einem in ihren Augen dann wohl höherstehenden Sprachniveau ausdrücken können.[9]

Die sogenannte Hochkultur ihrerseits hat spezifische Gattungen und Formen entwickelt, mit denen sie sich an die unbegreifliche Gewalteskalation annähert.[10] Fernando Boteros Bilderzyklus über die *Violencia en Colombia* (1999-2004) gehört zum Beispiel dazu. Im Bereich des Films stechen die Arbeiten Víctor Gavirias heraus, insbesondere *Rodrigo D: no futuro* (1990), *El pelaíto que no duró nada* (1992), *La vendedora de rosas* (1998) oder auch *Sumas y restas* (2005). Vor allem aber die Literatur nahm sich vor, das Phänomen der Gewalt neuerlich zu untersuchen. Neuerlich, weil es bereits im Gefolge des Bürgerkrieges der Jahrhundertmitte zu einer literarischen Aufarbeitung gekommen war, die unter dem Namen *Novelas de la Violencia* Eingang in die kolumbianischen Literaturgeschichten gefunden hatte. Nun jedoch konzentrieren sich die Werke, zumindest am Anfang der Ausdifferenzierung dieser Gattung, auf Medellín. Den noch nicht vollständig fiktionalisierten Ausgangspunkt stellt wohl Alonso Salazars *No nacimos pa' semilla* von 1990 dar. Aus der Reihe der danach in Mode kommenden *Novelas*

---

schüsse eine angemessene ärztliche Behandlung erfährt, richtet sich nach der sozialen Stratifizierung der Wohngebiete.

8   Erste Ansätze dazu finden sich bereits bei Salazar (1990). Systematische Studien erstellten dann vor allem Castañeda Naranjo und Henao Salazar (insbesondere 2006).

9   Auf YouTube und anderen Plattformen findet sich inzwischen eine Vielzahl von entsprechenden Aufnahmen, beispielsweise der *Documental del Hip Hop de la Comuna 13 „13 Señales de Vida"* (2010).

10   Für einen weitaus umfassenderen Überblick, als wir ihn hier bieten können, vgl. Suárez (2010).

del sicariato seien als internationale Bestseller nur Fernando Vallejos *La virgen de los sicarios* (1994, Verfilmung 2000) und Jorge Francos *Rosario Tijeras* (1999) erwähnt, wobei dieser Roman nicht nur die Grundlage für einen Spielfilm (2005) abgab, sondern sogar für eine 60 Kapitel lange Serie (*Rosario Tijeras, amar es más difícil que matar*, 2010) für das Fernsehen.

Es stellt sich nun die Frage, welchen Stellenwert oder welche Funktion diese künstlerischen Bearbeitungen haben. Handelt es sich um billige *pornomiseria*, also um den Versuch, breite und internationale Anerkennung als Künstler zu gewinnen, indem man das Elend anderer ausschlachtet?[11] Oder um einen Voyeurismus der Gewalt, der zwischen dem Versuch schwankt, das Problem in seiner Tiefe auszuloten, und der gleichzeitig über die Schockwirkung das breite Publikum ansprechen will? Oder wollen diese Werke, und dabei wäre wohl Fernando Vallejo anzusprechen, so unerbittlich hyperbolisch und zynisch in den Wunden der Gesellschaft und Kultur Antioquias wühlen, um eine kathartische Reaktion zu provozieren? Oder schaffen sie es, wenn auch kontrafaktisch, wie bei Jorge Franco, die Liebe in all der Barbarei zumindest zur Sprache zu bringen? Wahrscheinlich gibt es auch hier keine einfache Antwort. Deshalb können wir nicht behaupten, dass mit dieser künstlerischen Bearbeitung des Krieges aller gegen alle in Medellín bereits der Prozess der Rezivilisierung grundgelegt ist.

Ansätze dazu bieten die Werke allerdings: den Blick auf die Opfer, die zugleich Täter sind; den Anstoß, tiefer zu graben, als es die einfachen Erklärungsmuster tun; den Versuch, die Ereignisse für die Erinnerung aufzubewahren, damit sie nicht, wie so vieles in Kolumbien, dem gewollten Vergessen anheimfallen. Doch es gibt, wie bei nahezu allen Aspekten dieses Krieges, auch widerstreitende Phänomene. Etwa, wenn in der *Comuna 13*, die eine neue Eskalation der Gewalt zu Beginn des neuen Jahrtausends repräsentierte, heute die Kinder und Jugendlichen, vor allem Mädchen, nach der Ausstrahlung der Serie *Rosario Tijeras* (2010) auch noch die medial vermittelte vor dem Hintergrund der täglich erlebten realen Gewalt nachspielen und sich wünschen, irgendwann wie die fiktionale Figur Rosario Tijeras zu werden.

Als „Weißer Elefant" wurde die Metro von Medellín verschrien, als städteplanerisches Ungetüm, als Quelle von Korruption[12] und Verschwendung staatlicher Mittel, als Milliardengrab und Ursache für die Verschuldung nachkommender Generationen. All diese Bezeichnungen treffen weithin zu. Der Bau verzögerte sich seit seinen Anfängen in den frühen 1980er Jahren. Lange standen die riesigen Betonkonstruktionen der Hochbahn wie ein

---

11 Dieser Vorwurf wurde insbesondere Víctor Gaviria gemacht, vgl. zu dieser Diskussion Jáuregui und Suárez (2002).

12 Woran die beteiligten deutschen Firmen ein gerüttelt Maß an Verantwortung mitzutragen haben.

Mahnmal städtebaulicher Hybris unfertig und ungenutzt herum. Die Streckenführung im Talsockel, den Fluss entlang, berührte nur am Rande die bevölkerungsreichen Wohngebiete. Die Verbindlichkeiten stiegen parallel zu den Rechtsstreitigkeiten mit dem für die Ausführung beauftragten Konsortium ins Unermessliche. Die Pläne, die privaten Busunternehmer für ein umfassendes Verkehrskonzept gewinnen zu können, scheiterten zunächst. Alles sah nach einem Fiasko aus.

Im Jahre 1995 wurde die Metro endlich fertig gestellt, und vom ersten Tag ihrer Inbetriebnahme an veränderte sie die Stadt und verwandelte sich in den *orgullo paisa*, in den Stolz der *Antioqueños*. Die Stadt und die Region hatten gezeigt, dass sie es doch können, dass sie nach dem Tod Pablo Escobars wieder nach vorne blicken, dass sie alle anderen Städte, einschließlich Bogotá übertrumpfen können, dass in Medellín die Wiege des technischen und wirtschaftlichen Fortschritts des Landes liegt. Für das ganze Valle de Aburrá, für alle Gruppen der Stadt wurde das überdimensionierte Bauwerk zum Symbol des neuen Medellín, das sie hegen und pflegen mussten. Umgekehrt entwickelte sich die Metro zu einem Ort des Friedens und der Sicherheit. Wer es geschafft hat, im Gewühl der Innenstadt die Metrostation zu erreichen, kann aufatmen, ruhig werden, die Stimme senken, braucht sich nicht mehr nach Taschendieben umzuschauen. Bezeichnend ist, wie viele Frauen in den Waggons anfangen, in ihrer Handtasche zu kramen und sich dann die Halskette und die Ohrringe anzulegen. Natürlich darf in der Metro weder gegessen noch getrunken, geschweige denn geraucht werden. Freundliche junge Männer, die in der Metro ihren Militärdienst ableisten, weisen die Mütter oder Väter darauf hin, dass kleine Kinder besser an die Hand zu nehmen sind. Die leise Musikberieselung in den Stationen wird alle paar Minuten durch Hinweise unterbrochen, dass man doch älteren Menschen den Sitzplatz freigeben solle, dass das Rennen über die Bahnsteige zu Unfällen führen könne und dass die Metro allen gehöre und man sich entsprechend verhalten solle.

Mit einem Wort, die Metro ist, und das ohne jeglichen ironischen Unterton, ein Hort der Ruhe und des zivilisierten Verhaltens inmitten einer Stadt voll Lärm, Hektik und Gefahren. Sobald der Fahrgast die erste Treppenstufe erklimmt und damit in die vom Unternehmen sogenannte *Cultura Metro* eintritt, lässt er die Barbarei hinter sich. Dass sie wirklich ausgeschlossen bleibt, dafür sorgen nicht nur die lediglich symbolisch mit einem Holzknüppel bewaffneten Uniformierten. Ganz typisch und bezeichnend für Medellín und Antioquia ist, dass das Schlagwort von der „Kunst am Bau" hier in einer andernorts kaum möglichen Form verwirklicht wurde. Jede Metrostation bekam nämlich, quasi als Identitätszeichen, eine *Virgen*, eine Mariendarstellung. Ob traditionell, ob modern, ob als Abbildung oder Skulptur, als Mosaik oder als Fresko, außen oder innen, überall steht schützend die Muttergottes über den Reisenden, dem Bauwerk selbst und über der ganzen Stadt. Die tief religiös geprägte Kultur der ehemals abgelegenen Region in den Bergen wirkt auf diese Weise noch im säkularisierten Kontext nach. Nun jedoch, im Gegensatz zu den Praktiken der *Sicarios*, nicht im Zeichen der Eskalation der Barbarei, sondern zur Befriedung der Stadt und zur Grenzziehung gegen die Gewalt.

Die eigentliche Funktion als effektives und preisgünstiges Massenverkehrsmittel konnte die Metro Medellín erst erfüllen, als mit den Jahren ein integriertes System von Zubringerbussen aus den bevölkerungsreichen *Comunas* und Vororten etabliert wurde. Die entscheidenden Schritte gelangen jedoch 2004 und 2007, als die ersten *Metrocables* in Betrieb genommen wurden.[13] Diese Seilbahnen führen von einer Station im Tal die steilen Hänge hinauf, und zwar direkt in die ehemals konfliktreichsten Stadtviertel hinein, die *Comuna Nororiental* und die *Comuna 13*. Sie wirken dadurch in mehrfacher Weise als grenzüberschreitend. Die hoch über den Häusern schwebenden Kabinen gaben erstmals Einwohnern von Medellín die Möglichkeit, die andere Seite ihrer Stadt zu sehen, die sie früher und auf anderen Wegen niemals betreten hätten. Die rein geographische Segregation, der schwierige Weg der Bewohner dieser Gebiete zu Arbeitsstätten und in die Stadt, ist überwunden. Auch die Grenzziehungen der Banden in den Vierteln werden zwar nicht obsolet, aber zumindest zurückgefahren, da jetzt Mobilität möglich wird, die auf dem Landweg, unten, tödlich enden könnte. Die natürlich noch zu wenigen und nur punktuell wirksamen *Metrocables* konfigurieren damit einen transversalen Raum, in dem der Krieg, die Gewalt und die Barbarei für eine jeweils kurze Zeit real durch eine zivile und zivilisatorische Utopie außer Kraft gesetzt wird. Eine umfassende Lösung für den Konflikt kann die Metro selbstverständlich nicht anbieten, aber es ist ein Mosaikstein.

Auch die neuen Bibliotheken sollen ihren Teil zur Zivilisierung der Gesellschaft beitragen. Bezeichnenderweise bekamen sie einen spezifischen Namen, nämlich *Parques Biblioteca*, um schon in der Bezeichnung Schwellenängste abzubauen und die Modifikation vom alten System der vorwiegend auf Bücher konzentrierten Orte der stillen und individuellen Lektüre zu markieren. Die fünf bereits realisierten und fünf weitere in Planung befindliche Gebäude zeichnen sich durch eine auf den ersten Blick verstörende Monumentalarchitektur aus, die der Namensgebung zuwiderlaufen scheint. Da sie jedoch als zentrale Anlaufstellen für Kultur, Bildung und öffentliche Veranstaltungen dienen, zum Identifikationsmerkmal für die jeweiligen *Comunas* und Stadtgebiete werden und städtebaulich klare Akzente setzen sollen, übernehmen sie eine Vielzahl von Funktionen, die eine repräsentative und weithin sichtbare Formensprache zur Folge hat. Gerade die großen *Comunas* oder Zonen der Stadt, die oft schnell und ohne entscheidende stadtplaneri-

---

13 Ergänzt werden sollen diese Linien künftig durch *Metrobuses*, wodurch dann wirklich ein umfassendes und integriertes Nahverkehrssystem entsteht.

sche Vorgaben die Hänge hinaufgewachsen sind, entbehrten bislang solcher symbolischer Konstruktionen. Weder die praktisch inexistenten städtischen und staatlichen Verwaltungsbauten, noch die Schulen, und auch nicht die Kirchen boten bislang einen wirklichen Blickfang im großen Häusermeer. Jetzt sollen die strategisch über die ganze Stadt verteilten Bibliotheksparks in Einheit mit den auch für die Seilbahnen überdimensionierten Metrostationen genau diese Aufgaben übernehmen: die Stadt visuell neu strukturieren, die Präsenz des Staates und der öffentlichen Institutionen in früher schwer zugänglichen Randbereichen darstellen sowie als Schnittpunkte im breiteren Netz der transversalen Räume von Metro, *Metrocable*, öffentlichen Online-Zugängen und umfassenderen Bildungsangeboten alte Grenzen überwinden.[14] Gleichzeitig stecken die enormen Bibliotheksbauten und ihre Umgebung Grenzen ab, innerhalb derer die Kultur und der zivilisatorische Fortschritt im Mittelpunkt stehen.

Die Dialektik von Entgrenzung und zentralen, abgegrenzten Bereichen für Kultur, Bildung und unbeschwerte Bewegungsmöglichkeiten der Bürger hat noch ein weiteres Element aufzuweisen, mit dem wir schließen möchten. Im Umfeld der staatlichen *Universidad de Antioquia* gab es bis vor wenigen Jahren einen reichlich heruntergekommenen Vergnügungspark sowie den vor dem Konkurs stehenden *Jardín Botánico*, die aber untereinander sowie mit dem ebenfalls dort angesiedelten Planetarium nicht in Beziehung standen und kaum als Publikumsmagnet angenommen wurden. Seit der Jahrtausendwende gestalteten die Stadt und andere Träger aus dem gesamten Bereich östlich des Busbahnhofes ein hoch entwickeltes Freizeit- und Bildungsareal. Das Planetarium wurde vollständig renoviert und mit dem neu gebauten, interaktiven Wissenschafts- und Technikpark, dem *Parque Explora*, verbunden. Daneben finanzierten die Stadtwerke den *Parque de los Deseos*, einen öffentlich zugänglichen und kostenlosen Erlebnisraum mit Möglichkeiten für Theater-, Konzert-, oder Filmaufführungen. Nur wenige, inzwischen auch verkehrsberuhigte Meter davon und von der Metrostation entfernt liegt der Botanische Garten, der mit einem modernen Konzept und erheblichem Aufwand ausgebaut wurde und jetzt wissenschaftliche Ausrichtung und die Publikumsorientierung integriert. Auch der alte *Parque Norte* verwandelte in den letzten Jahren grundlegend sein Gesicht und ist nun als großer Freizeit- und Erlebnispark mit modernsten Attraktionen für jährlich eine Million Besucher ausgelegt. Nicht zufällig schließt dieses umfangreiche und das Stadtbild modifizierende Ensemble an die *Universidad de Antioquia*

---

14   Zu den Initiativen der Stadt Medellín in Bezug auf einen weiteren, wenn auch nicht so direkt tangiblen und sinnlich wahrnehmbaren transversalen Raum – die digitale Vernetzung, die Schaffung freier Zugänge ins Internet sowie eigene, breite Angebote und Lernplattformen – vgl. das Projekt *Medellín digital*. Anmerkung der Herausgeberinnen: Dieses wurde 2013 in *Medellín Ciudad Inteligente* umbenannt.

an, die seit den 1990er Jahren eine klare und dezidierte Entwicklung hin zu einem der bedeutendsten Forschungszentren des Landes genommen hat, was sich auch architektonisch in einem repräsentativen Gebäude für die weiterführenden Studiengänge niedergeschlagen hat.

Bildung auf allen Ebenen, vom Ausbau und der wissenschaftlichen Begleitung der Schulen in den *Barrios*, über ihre virtuelle Vernetzung und Anbindung an die *Parques Biblioteca*, das Angebot an außerschulischer Hinführung zu Wissenschaft, Technik und ökologischen Fragen in den erwähnten und einigen weiteren neu strukturierten Freizeitparks, der massive Ausbau von Plätzen in den grundständigen Studiengängen, die Forschungsorientierung in den *Posgrados*, all diese Initiativen und Investitionen stehen für ein anderes Medellín, das sich von der Barbarei abwendet. Sie zeigen es auch im Stadtbild an, als Symbol für ein selbstbewusstes Medellín, das über die Architektur und Stadtplanung sowie vermittels grenzüberschreitender Verknüpfungen und bewusst gestalteter Inseln der Ruhe, Ordnung und der umfassenden Beschäftigung mit zukunftsweisenden Fragestellungen das ausdrücken möchte, was es schon immer als selbst zugeschriebenes, nicht eben bescheidenes und vielleicht gerade deshalb ambivalentes Identitätszeichen nach außen getragen hat: dass sie, die Stadt und die Region Antioquia die Keimzelle für jede Art von Fortschritt und Entwicklung in Kolumbien darstellen, im Schlechten wie im Guten.

Unser beider Lehrer, der Priester Federico Carrasquilla hat einmal gesagt, selbst wenn es gelänge, den Krieg sofort zu stoppen, würden noch mindestens zwei bis drei Generationen vergehen, bis die Stadt wieder zu einem zivilisierten Ort werden könnte. Der Krieg hat noch kein wirkliches Ende gefunden, aber vielleicht lebt Medellín dennoch – das ist die Hoffnung – schon seit zehn oder gar zwanzig Jahren in einer Phase, in der die Rezivilisierung bereits begonnen hat. Es verbleiben jedoch noch einige Vorbehalte: So wie der Krieg und die Barbarei keine einfache und eindeutige Erklärung kennen, so sind auch Schritte hin zu einer neuen Zivilisation mittels der Schaffung entsprechender Freiräume für sich allein noch kein Garant dafür, die Barbarei zu überwinden.[15] Diese Räume müssen erst mit Inhalten gefüllt werden; die Anstrengungen hin zu Bildung, Fortschritt und Entwicklung bedürfen einer humanisierenden Grundlage, ohne die sie selbst wieder in Barbarei umschlagen können. Das angestrebte neue Medellín muss immer der Realität eingedenk sein, aus der es erwächst, und dafür braucht es eine aktive Erinnerungskultur, die bisher nur in Ansätzen entwickelt wurde.

---

15 Selbstverständlich bedarf eine friedlichere Gesellschaft in Medellín und Kolumbien auch der materiellen Absicherung, die nur über eine weltweit und im Inneren gerechtere Wirtschafts- und Finanzordnung zu erlangen ist, aber das ist hier nicht das Thema.

4. Nachtrag

Dass gerade in Medellín die Ansätze zu einer Erinnerungskultur – auch im Kontext der Friedensverhandlungen, aber nicht nur in diesem Zusammenhang – inzwischen so tiefe Wurzeln geschlagen haben, dass daraus das in vielfacher Weise vorbildliche *Museo Casa de la Memoria* (http://www.museocasadela memoria.org/) entstanden ist, macht in der Tat Hoffnung für die Zukunft.

Quellen

Abad Faciolince, Héctor (2003): *Angosta*. Bogotá: Ed. Planeta Colombiana.

Alcaldía de Medellín [Hg.] (o. J.): *Medellín Ciudad Inteligente*. Online in Internet: URL: http://www.mdeinteligente.co/estrategia. Abrufdatum: 04.11.2015.

Angarita Cañas, Pablo Emilio [Hg.] (2001): *Balance de los estudios sobre violencia en Antioquia*. Medellín: Municipio de Medellín.

Angarita Cañas, Pablo Emilio/Gallo, Héctor/Jiménez Zuluaga, Blanca Inés [Hgg.] (2008): *Dinámicas de guerra y construcción de paz: estudio interdisciplinario del conflicto armado en la Comuna 13 de Medellín*. Medellín: Universidad de Antioquia.

Benjamin, Walter (2010 [1940]): *Werke und Nachlaß. Kritische Gesamtausgabe*. Bd. 19: *Über den Begriff der Geschichte*. Herausgegeben von Gérard Raulet. Berlin: Suhrkamp.

Bundesministerium des Inneren (2011): *Polizeiliche Kriminalstatistik 2010*. Online in Internet: URL: www.bka.de/pks/pks2010/download/pks2010 _imk_kurzbericht.pdf. Abrufdatum: 04.11.2015.

Castañeda Naranjo, Luz Stella/Henao Salazar, José Ignacio (2006): *Diccionario de parlache*. Medellín: La Carreta Editores.

Franco Ramos, Jorge (1999): *Rosario Tijeras*. Bogotá: Ed. Planeta Argentina (deutsch: *Rosario Tijeras*. Aus dem Spanischen von Susanne Mende. Zürich: Unionsverlag, 2002; *Die Scherenfrau*. Aus dem Spanischen von Susanne Mende. Zürich: Unionsverlag, 2004).

Fundación Conconcreto [Hg.] (2010): *Documental del Hip Hop de la Comuna 13 – „13 Señales de Vida"*. Online in Internet: URL: www.youtube. com/watch?v=MZzVZ8xusxE&feature=related. Abrufdatum: 04.11.2015.

Henry, Michel (1994): *Die Barbarei*. Aus dem Französischen übersetzt und eingeleitet von Rolf Kühn und Isabelle Thiereau. Freiburg/München: Alber.

Jáuregui, Carlos/Suárez, Juana (2002): „Profilaxis, traducción y ética: La humanidad 'desechable' en *Rodrigo D, no futuro, La vendedora de ro-*

sas y La virgen de los sicarios". In: *Revista Iberoamericana* 199, 367-392. Und Online in Internet: URL: http://revista-iberoamericana.pitt.edu/ojs/index.php/Iberoamericana/article/viewFile/5736/5882. Abrufdatum: 04.11.2015.

Osorio, Óscar (2003): „*Angosta* y el ancho caudal de la violencia colombiana". In: *Poligramas* 22, 177-188. Und Online in Internet: URL: http://core.ac.uk/download/pdf/11862796.pdf. Abrufdatum: 04.11.2015.

Palacios, Marco (1995): *Entre la legitimidad y la violencia. Colombia 1875-1994*. Bogotá: Norma.

Salazar, Alonso (1990): *No nacimos pa' semilla. La cultura de las bandas juveniles en Medellín*. Bogotá: CINEP. (deutsch: *Totgeboren in Medellín*. Aus dem kolumbianischen Spanisch von Werner Hörtner. Wuppertal: Peter Hammer, 1991).

Suárez, Juana (2010): *Sitios de contienda: producción cultural colombiana y el discurso de la violencia*. Madrid/Frankfurt am Main: Iberoamericana/Vervuert.

Vallejo, Fernando (1994): *La virgen de los sicarios*. Bogotá: Alfaguara. (deutsch: *Die Madonna der Mörder*. Aus dem kolumbianischen Spanisch von Klaus Laabs. Wien: Zsolnay, 2000).

Autorenverzeichnis

Dr. Željko Crnčić ist wissenschaftlicher Mitarbeiter am *Deutschen Institut für Entwicklungspolitik* (DIE) in Bonn.

<Zeljko.Crncic@die-gdi.de>

Prof. em. Dr. theol. Johannes Meier war von 1997 bis 2013 ordentlicher Professor für Mittlere und Neuere Kirchengeschichte und Religiöse Volkskunde an der Johannes Gutenberg-Universität Mainz; von 2001 bis 2012 war er dort zudem Sprecher des *Interdisziplinären Arbeitskreises Lateinamerika* (IAKLA).

<johannes.meier@uni-mainz.de>

Apl. Prof. Dr. Hubert Pöppel ist Geschäftsführer des Spanienzentrums der Universität Regensburg.

<hubert.poeppel@ur.de>

Matilde Salazar, M. A., ist Lehrerin in Medellín, Lehrbeauftragte der *Universidad San Buenaventura* und Koordinatorin von Forschergruppen im Bereich Pädagogik.

<sortilegioamarillo@gmail.com>

Prof. Dr. Sven Schuster ist *Profesor Asociado* sowie *Director Programa de Historia* an der *Escuela de Ciencias Humanas* der *Universidad del Rosario* in Bogotá.

<svenb.schuster@urosario.edu.co>

Veröffentlichungen des
Interdisziplinären Arbeitskreises Lateinamerika
(IAKLA)

Bisher erschienen:

Band 1:
Bolivien: Fehlentwicklungen und Fehleinschätzungen,
Mainz 2005

Band 2:
Argentinien in der Krise,
Mainz 2006

Band 3:
Wolfgang Muno/Roland Spiller [Hgg.]:
„Gracias, Dios, por el fútbol". Diskurse rund um den Fußball in Lateinamerika,
Mainz 2007

Band 4:
Jutta Blaser/Wolf Lustig [Hgg.]:
Das politische Erwachen der indigenen Völker,
Mainz 2008

Band 5:
Michael Müller/Johannes Meier [Hgg.]:
Brasilien – quo vadis?,
Mainz 2009

Band 6:
Jutta Blaser/Wolf Lustig [Hgg.]:
Darwin und Lateinamerika,
Mainz 2011

Band 7:
Jutta Blaser/Wolf Lustig [Hgg.]:
Die erfolgreiche Independencia Spanisch-Amerikas (1810-1824). Schwierige Voraussetzungen – fragwürdige Folgen,
Mainz 2012

**Die Herausgabe der Reihe wird betreut von
Jutta Blaser und Wolf Lustig**

(Johannes Gutenberg-Universität Mainz)